우리말의 숨결 1

우리 곁의 우리말

성기지

전 한글학회 연구편찬실장.

1990년 한글학회 출판부에 들어와 2023년 6월 정년을 맞이할 때까지 학술지 『한글』(계간)과 어문 교양지 『한글 새소식』(월간) 발간을 맡아 일하였고, 어문규범 연구와 국어 상담에도 힘썼다. 틈틈이 공무원, 은행원, 기업체 직원, 방송작가 등을 대상으로 국어 생활 관련 강의 활동을 하였고, 10여 년 동안 라디오를 통해 우리말 바로쓰기 방송을 하였다. 또, 전문용어, 행정용어, 광고용어 등 우리말 용어 순화 사업에도 힘을 보태는 등 말글 환경 맑히는 데에 줄곧 관심을 기울여 왔다.

지은 책으로는 『우리글 바로잡기 연습』(타래출판사), 『맞춤법 사슬을 풀어 주는 27개의 열쇠』(도서출판 박이정), 『생활 속의 맞춤법 이야기』(역락출판사), 『고치고 더한 생활 속의 맞춤법 이야기』(역락출판사), 『아, 그 말이 그렇구나!』(디지털싸이버), 『한국어 능력 시험』(공편)(신지원) 등이 있다.

우리말의 숨결 1

우리 곁의 우리말

초판 인쇄 2024년 7월 5일
초판 발행 2024년 7월 15일

지은이 성기지 | 편집장 권호진 | 편집 정봉선
펴낸이 박찬익 | 펴낸곳 박이정
주소 경기도 하남시 조정대로45 미사센텀비즈 8층 F827호
전화 031-792-1195 **팩스** 02-928-4683
홈페이지 www.pijbook.com **이메일** pijbook@naver.com
등록 2014년 8월 22일 제2020-000029호

ISBN 979-11-5848-949-6(03710)

값 10,000 원

우리말의 숨결 1

우리 곁의 우리말

성기지 지음

박이정

우리말에 대한 관심이 꼭 필요한 때입니다

숨결은 숨을 쉴 때의 상태를 말하는데, 사물 현상의 어떤 기운이나 느낌을 생명체에 비유하여 이르기도 하는 말입니다. 그래서 흔히 '자연의 숨결을 느낀다'는 표현을 하곤 합니다. 오염되고 훼손된 자연에서는 건강한 숨결이 느껴지지 않을 것입니다.

그렇습니다. 자연은 수많은 생명을 품고 끊임없이 숨을 쉬면서 살아가고 있습니다. 자연 환경 보호는 곧 자연이 건강하게 숨 쉬도록 만들어주는 일입니다. 숲을 잘 가꾸고 보존하여 숨 쉬게 하고, 호수를 깨끗하게 맑혀 숨 쉬게 하는 일이 환경 보호 운동일 것입니다. 그리하여 우리는 자연의 품안에서 자연의 숨결을 느끼며 비로소 살아갈 수 있을 터입니다.

우리말도 숨을 쉬면서 살아갑니다. 수천 년 동안 우리 겨레는 생존을 위해 끊임없이 그 말에 숨을 불어왔습니다. 자연과 인간 사이의 환경 못지않게 사람과 사람 사이의 언어 환경도 매우 중요합니다. 맑고 바른 말은 사람들의 삶을 가멸게 합니다. 따라서 언어 환경 맑히기는 그 말과 그 말을 사용하는 사람 모두 건강한 숨을 쉴 수 있게 해주는 일입니다. 우리 곁에 있는 말을 잘 살펴서 우리 삶을 살찌워야 하고, 우리 토박이말이 사라지지 않도록 지키고 가꾸어야 하며, 우리 말이 갖가지 외국말투와 저급한 말에 오염되지 않도록 힘써 나가야 할 것입니다.

자연의 품안에서 자연의 숨결을 느끼듯이, 우리는 관심만 가지면 우리말의 숨결을 느낄 수 있습니다. 비록 보이지 않고 만져지지 않더라도 우리말은 우리 곁에서 늘 살아 숨 쉬고 있기 때문입니다. 지금 우리에게 꼭 필요한 것은 우리말에 대한 관심입니다. 이 책은 우리 곁에서 숨 쉬고 있는 우리말의 숨결을 느끼게 하는 데 도움을 줄 수 있으리라고 생각합니다.

『우리말의 숨결』은 모두 4권으로 나누어졌습니다. 제1권 〈우리 곁의 우리말〉은 우리말에 대한 관심을 불러일으키려는 의도로 구성하였습니다. 우리말에 대한 무슨 새로운 발견이나 깊은 연구가 아닌, 우리 곁에서 늘 쓰이고 있는 말들을 되는 대로 끌어 모아 거듭 살피고 어루만졌을 따름입니다. 그 가운데 뜻과 쓰임이 모호하거나 헷갈리는 낱말들을 제2권 〈헷갈리는 이 말과 저 말〉에 따로 모아 보았습니다. 여기서는 이 말과 저 말의 차이에 주목하여 우리말 사용을 명확하게 할 수 있도록 설명하는 데 힘썼습니다.

제3권은 〈순우리말과 들온말〉로 엮었습니다. 첫째마당 '일상에서 찾는 순우리말'에서는 나날살이에서 자주 쓰이고 있는 우리 토박이말들을 살펴보는 한편, 자칫 잊힐지도 모를 토박이말들을 되도록 찾아내어 부려 쓰는 데 도움을 주고자 하였습니다. 이와 달리 우리 말글살이에 꼭 필요하지도 않은 외국말이나 외국말투 조어들이 말글 환경을 오염시키고 있는 모습들을 생각나는 대로 간추려 둘째마당 '우리말 속 외래어 이야기'에 모아 보았습니다.

끝으로, 나날살이에서 무심코 쓰고 있는 말 가운데 비문법적이거나 어색한 표현들, 발음이나 뜻 구별이 어려워 혼동하는 말들, 그릇된 언어 습관으로 잘못 전해진 말들을 제4권 〈틀리기 쉬운 우리말〉에 두루 묶었습니다. 이 책 『우리말의 숨결』에서는 특히 여기 제4권에 비교적 많은 공을 들였음을 밝힙니다. 모두 104개 사례를 모았는데, 물론 이 밖에도 틀리기 쉬운 우리말 쓰임은 얼마든지 많을 것이라고 생각합니다.

이 책의 모든 낱말과 표현들은 독자의 편의를 고려하여 각 권마다 가나다차례로 엮었습니다. 우리말을 다루는 데 있어 혹시라도 지은이의 생각이 미흡한 데가 있더라도 너그럽고 속 깊게 이해해 주시기를 부탁드립니다. 독자들이 이 책을 통하여 우리 곁에 있는 우리말의 숨결을, 그 온기를 느끼게 된다면 더없는 보람이고 영광이 될 것입니다.

서툴고 거친 원고를 따뜻한 눈길로 바라보고 흔쾌히 출판을 허락해주신 박이정출판사의 박찬익 사장님과, 정년퇴직 후 몇 달 동안 마음 편히 원고를 모으고 매만질 수 있도록 도와준 아내에게 고마운 인사를 전합니다.

2024년 6월
성기지

책을 펴내며   4

우리 곁의 우리말

우리 곁의 우리말

말은 소리로 전해져 이내 허공에 흩어지고 말지만, 그 말은 결코 가볍지 않다. 그 말은 선조에게서 물려받은 고유문화의 산물이며 후손 세세 물려주어야 할 소중한 문화유산임을 잊지 말아야 한다. 문화유산을 지키고 가꾸지 않으면 후손에게 물려주려야 줄 수 없다. 우리 말글 환경에 관심을 가지고 끊임없이 살펴 말글의 주인 노릇을 다 하자. '이런 건 한국말로 표현이 안 된다'는 생각은 우리말의 참 모습을 만나지 못한 데에서 비롯한다. 우리 곁에는 우리의 사고와 행동을 모자람 없이 나타낼 수 있는 말들이 무한히 숨 쉬고 있다. 우리 곁에 살아 숨 쉬는 우리말은 나의, 우리나라의, 우리 겨레의 숨결이다.

가슴꽃

　시월은 문화 국경일인 한글날을 품고 있어서 우리 겨레에겐 더욱 높고 푸른 계절이다. 한글날을 앞뒤로 나라 곳곳에서는 우리말 우리글 자랑하기 행사가 다채롭게 펼쳐진다. 갖가지 기념행사를 할 때 보면, 참가자들 가운데 가슴에 꽃을 달고 있는 사람들을 볼 수 있다. 이 꽃을 가리키는 우리말이 잘 알려져 있지 않다. 어떤 사람은 '코사지'라 부르고, 또 '꽃사지'라 부르는 사람들도 있다. 이 꽃의 명칭은 프랑스어인 '꼬르사쥬'에서 왔는데, 사전에는 외래어 표기법에 따라 '코르사주'가 표준말로 올라와 있다.

　그러나 이제 기념식에서 가슴에 꽃을 다는 문화가 우리나라에도 거의 정착되었기 때문에, 우리말이 필요하게 되었다. 그래서 요즘 순화해서 쓰는 말이 '가슴꽃'이다. '코르사주'라는 말은 본래 여성들의 옷깃이나 가슴, 허리 등에 다는 장신구로서의 꽃을 가리키는 말인데,

이는 이미 '맵시꽃'으로 순화하여 쓰고 있다. 따라서 기념식장에서 주요 손님들의 가슴에 달아주는 꽃은 엄밀히 말해 코르사주와는 다르다. 게다가 '코르사주'는 아직 우리 사회에 정착된 용어가 아니므로, 우리말 '가슴꽃'을 널리 사용하는 것이 좋다고 생각한다.

가시나에 대하여

경상도 지역에서는 여자아이를 낮추어 부를 때 '가시나'라고 말한다. 이 말의 표준말은 '계집아이'로 되어 있기 때문에, '가시나'는 방언으로 밀려나 있다. 그러나 우리말의 나이를 따져보면, '계집아이'보다 '가시나'가 훨씬 오래 전부터 쓰이고 있는 말이다. 다만, 지금처럼 여자아이를 낮춰 부르던 말은 아니었다.

'가시나'의 '가시'는 꽃을, '나'는 무리를 뜻하는 우리 옛말이다. '나'의 형태는 오늘날 '네'로 바뀌어서, 여전히 어떤 말 뒤에 붙어서 '그 사람이 속한 무리'라는 뜻을 보태주는 뒷가지로 쓰이고 있다. 가령 '철수네 집'이라고 하면, 철수와 그 가족이 사는 집을 말하게 된다. 곧 옛말 '가시나'는 '꽃의 무리'라는 뜻이었다고 할 수 있다.·

신라에서는 어여쁜 처녀들을 뽑아 각종 기예를 익히게 하던 조직이 있었는데, 그 모임의 이름을 꽃의 무리라는 뜻으로 '가시나'라 불렀다고 한다. 이를 당시 유행하던 이두 표기에 따라 '가시' 곧 꽃은 '花'로 적고, 무리를 뜻하는 '나'는 음이 비슷한 한자인 '郎'으로 음차해서 적었다는 것이다. '郎'이 비록 사내라는 뜻을 가진 한자이지만, 우리말 '나'를 음차해서 이두로 적은 것이라는 학설이 지배적이다. 이렇게 보면, '가시나'는 여자아이를 낮춘 말이 아니라, 오히려 미모와 재주가 뛰어난 소녀들의 무리라고 생각할 수 있다. 국사학자들은 이 '가시나' 곧 '화랑(花郎)'이 나중에 국가의 인재를 등용하기 위한 주요 기관으로 강화되면서 소년들 중심의 조직이 되었을 것이라고 말한다. 그래서 그 이전의 소녀들의 단체를 원래의 화랑이란 뜻으로 '원화'라 하고, 우리가 알고 있는 화랑은 그 뒤에 생긴 소년들의 단체라는 것이다.

가을 속담

밤과 낮의 길이가 같아지는 추분마저 지나고 나면 침대에서 뭉그적거릴 수 있는 시간도 늘어나게 된다. 사계절 가운데 몸과 마음이 가장 넉넉해지는 가을을 가리켜 우리 조상들은 "가을들이 딸네 집보다 낫다."고 했다. 그러나 가을걷이에 나선 농가의 사정은 그리 만만치 않다. 워낙 바쁘고 일손이 부족한 계절이라 "가을에는 부지깽이도 덤벙인다.", 심지어는 "가을에는 죽은 송장도 꿈지럭거린다."는 속담이 생겨났다.

농촌의 가을 풍경을 담은 "어정 7월 동동 8월"이란 속담이 있다. 이 말은 음력 7월은 봄철에 심은 곡식과 과일이 한창 무르익는 시기이기 때문에 농가에서는 한가해서 어정거리며 시간을 보내지만, 음력 8월은 가을걷이로 일손이 바빠 발을 동동 구르며 지내게 된다는 뜻이다. 그런가 하면, 풍성한 가을에 절약하라는 뜻에서 "가을 식은 밥이 봄 양식이다."고 말해 내년 봄을 준비하는 농부들의 꼼꼼함도 보인다.

음력 9월에는 선선한 바람과 함께 서늘한 빗방울이 나뭇잎을 두드리는 가을비를 만나게 된다. "가을비는 장인 구레나룻 밑에서도 피한다."는 속담이 있다. 일반적으로 가을비는 여름비에 비해 양도 적고 빗줄기가 촘촘하지 않으며 찬 기운이 느껴진다. 그래서 가을비는 장인 '수염'이나 '구레나룻' 밑에서도 피할 수 있다고 했던 모양이다.

겹쳐 쓰는 말들

요즘 '주취 폭력'을 줄여서 '주폭'이란 말을 자주 쓰고 있다. 주폭 까진 아니라도 주정을 부리는 자체가 주위 사람들을 고통스럽게 만든다. 술에 취해서 정신없이 하는 말이나 행동은 '주정'이다. 이미 '술주' 자가 들어가 있으므로 '술주정'이라 말할 필요가 없다. 맛있고 영양 많은 음식을 소개하면서 '몸보신'이라는 말을 자주 하는데, 몸을 보충 하는 것은 '보신'이라고만 하면 된다. 국어사전에는 '술주정'과 '몸보신' 들을 올림말로 싣긴 했지만, 낱말 뜻은 각각 '주정'과 '보신' 쪽에 풀이해 놓고 있다.

비슷한 사례 가운데, 돌로 만든 비는 '비석'이라 하면 된다. 이것을 굳이 '돌비석'이라고 부르는 것은 잘못이다. 나무를 깎아 세운 비는 '비목'인데, 이것을 '나무비목'이라고 부르는 사람은 아무도 없다. 또, 지붕 위를 한자말로 '옥상'이라고 하는데, "옥상 위의 고양이"라는 말처

림 '옥상'에 다시 '위'를 겹쳐 쓰는 사례가 많다. '지붕 위의 고양이'라고 하거나 '옥상의 고양이'로 바로잡아 써야 한다.

하지만 의미 분화가 일어난 몇몇 낱말들은 둘 다 독립된 낱말로 인정하고 있다. 가령, 갓 결혼한 남자는 '신랑'이라고만 하면 되었는데 요즘 '신랑'이라는 말이 남편을 가리키는 말로 자주 쓰이다 보니, 갓 결혼한 경우에는 '새신랑'이라고 달리 표현하고 있다. 또, '손 수' 자가 들어간 '수건' 앞에 다시 '손'을 중복해서 '손수건'이라고 하는데, 이것도 '수건'과 '손수건'의 의미가 서로 다르게 나누어졌기 때문에 각각 낱말로서 자격을 얻었다. '내의'와 '속내의'도 이렇게 의미 분화를 통해 서로 다른 뜻을 갖게 된 경우이다.

고달픈 삶

우리말에서 〈마음에 느끼는 것〉은 대개 '-프다'가 붙어서 쓰이고 있다. '아프다'가 그렇고, '배고프다, 슬프다, 구슬프다, 서글프다' 들이 모두 그렇다. 예를 들어, 움푹 팬 곳이나 깊은 구멍을 우리말로 '골'이 라고 하는데, 이 '골'에 '-프다'가 붙어 만들어진 '골프다'가 오늘날 '고프 다'로 되었고, 이 '고프다'는 배가 비어 있는 것을 느낀다는 뜻으로 쓰이고 있다. 또, '가늘다'라고 하면 물체의 모양을 나타내는 말이지만, '가냘프다'고 하면 "가늘고 얇게 느껴진다."는 마음 상태를 나타내는 말이 된다. 그래서 '가냘픈 여인의 몸매'라고 하면 객관적인 사실이라 기보다는 주관적인 느낌을 나타내는 측면이 강한 말이 되는 것이다.

'고단하다'와 '고달프다' 또한 같은 차이를 보여주고 있는 낱말들 이다. 흔히 몸이 지치고 힘이 없는 상태를 '고단하다'고 표현한다. 이것 은 몸에 관한 말인데, 이렇게 고단해서 마음이 아프면 이를 '고달프다'

고 말한다. "몸은 고단하지만 돈이 많이 벌리니 즐겁다."는 표현은 가능하지만, "몸은 고달프지만 돈이 많이 벌리니 즐겁다." 하는 표현은 잘못된 것이다. 몸과 마음이 다 힘들고 지치고 아픈 것이 고달픈 것이므로, '고달프지만 즐겁다'는 말은 성립할 수가 없는 것이다. '고단하다'는 몸의 상태를 나타내는 구체적인 표현이고, '고달프다'는 마음의 상태를 나타내는 추상적인 표현이라고 할 수 있다.

그러니 '고단한 삶'이라 하면 노동으로 몸이 지치고 힘든 삶이라고 볼 수 있고, '고달픈 삶'이라 하면 몸과 마음이 다 힘들고 지친 삶이라고 말할 수 있는 것이다.

국정 농단

　2016년 말에서 2017년 초까지, '박근혜 정부의 최순실 등 민간인에 의한 국정 농단 의혹 사건'이 벌어지며 '국정 농단'이란 말이 자주 등장하였다. '농단'은 일상생활에서 흔하게 쓰는 말이 아니므로 그 뜻을 정확하게 알지 못하는 많은 이들은 이 말을 '국정 희롱'쯤으로 이해하고 있었다. 하지만 '농단'은 이익이나 권리를 독차지한다는 뜻을 지닌 말이다. '국정 농단'은 나라의 정치를 휘어잡고 온갖 이익이나 권리를 독차지해 왔다는 것을 나타내기 위한 말이다. 그저 '국정 독차지'라고 했으면 누구나 쉽게 알아들었을 것이다.

　국정을 독차지한 사람들과 그 경위를 밝혀내야 하는 검찰에게는 여러 가지 어려움이 있었을 것이다. 이것을 언론에서는 굳이 "애로 사항이 있을 것이다."라고 표현했다. '애로'는 "좁고 험한 길"을 뜻하는 한자말인데, 주로 "어떤 일을 하는 데에 장애가 되는 것"이란 뜻으로 쓰이는 말이다. 그렇다면 구태여 '사항'을 붙일 것 없이 "애로가 있을 것이다."라 하면 된다. 이 말보다는 "고충이 있을 것이다."가 훨씬 쉽고, 나아가 "어려움이 있을 것이다."로 바꿔 쓰면 더욱 좋다.

쉬운 말이 있는데도 굳이 어려운 말로 표현하는 버릇은 하루 빨리 고쳐야 할 병이다. 어떤 이익을 놓고 둘 이상이 겨루는 것을 두고, 공문서나 일부 언론에서는 '경합'이라고 표현하고 있다. 그러나 이 말은 본디 우리말에는 쓰이지 않았던 용어로서, 일제 때부터 사용하기 시작한 외래어라 할 수 있다. 이 말 대신에 우리에게는 '경쟁'이라는 한자말이 있다. 마땅히 '경합'을 '경쟁'으로 고쳐 써야 하며, 나아가 순우리말인 '겨룸'으로 순화해야 한다. 말을 쉽게 다듬어 쓰는 것이 언어의 진화이다.

까치 까치 설날은

아직까지 우리는 날짜를 상대적으로 가리킬 때에는 '오늘, 내일, 모레, 글피, 그글피, 어제, 그제/그저께, 그끄제/그끄저께, …'와 같이 순우리말을 지켜서 쓰고 있다. 그러나 안타깝게도 절대적 가리킴말에서는 순우리말들이 차츰 힘을 잃어 가고 한자말들이 거의 굳어져 가고 있다. 지난날에는 '초하룻날, 초이튿날, 열하룻날, 열이튿날'처럼 말했었지만, 요즘엔 흔히 '일일, 이일, 십일일, 십이일'처럼 말하고 있는 것이다.

'일일'(1일)부터 '이십구일'(29일)까지는 순우리말로 '초하루, 초이틀, …, 열하루, 열이틀, …, 스무하루, 스무이틀, …, 스무아흐레'처럼 세고, '삼십일'(30일)은 '그믐날'이라 말한다. 또, 달을 셀 때에는 음력으로 한 해의 열한 번째 달을 '동짓달'이라 하고, 마지막 달을 '섣달'이라한다. 그러므로 전통적인 우리말 날짜 세기로 '섣달 그믐날'이라고 하면, 음력 12월 30일을 가리키는 것이다. 그러니까 섣달 그믐날의 바로 다음날이 정월 초하루이고, 이 날이 음력 설날이다.

　　설날의 전날인 섣달 그믐날을 '까치설'이라 하고, "까치 까치 설날은" 하는 동요를 즐겨 불렀다. '까치' 하면 흔히 새를 연상케 되지만, 사실은 '아치'의 소리가 변해 만들어진 말이라 한다. '아치'는 작다는 뜻으로 쓰이는 순우리말로서, '작은설'이란 말을 '아치설'로 표현했다는 것이다. 그러다가 '아치'가 '까치'와 발음이 비슷하고, 또 까치가 울면 좋은 일이 생긴다는 속설까지 더해져서, 언제부터인가 '까치설'로 굳어져 내려오게 되었다고 한다. 이렇게 '아치'가 '까치'로 변한 낱말에는 '까치설' 말고도 '까치고개, 까치밭, 까치산' 등과 같은 지명도 있다. 그렇다면 이들도 새와는 관계없이 '까치고개'는 작은 고개이고, '까치산'도 산이 작고 낮아서 붙여진 지명이라 할 수 있다.

꼬리는 말고 꽁지는 빠지고

온 국민이 정부에 경제 살리기와 일자리 늘리기를 기대하고 있다. 하지만 너무 성급한 정책은 자칫하면 국민의 뜻과는 반대로 갈 수도 있다. 이때, '반대로 갈 수도 있다'는 말을 '거꾸로 갈 수도 있다'고 표현하는 경우가 있는데, '반대로'와 '거꾸로'는 그 차이를 정확하게 구별해서 쓰기가 어려운 낱말들이다.

국어사전에서 '거꾸로'를 찾아보면, "방향이나 차례가 반대로 되게"라고 풀이해 놓았고, '반대로'라는 말은 "두 사물의 방향이나 차례가 서로 등지거나 맞섬으로"라고 좀 더 구체적으로 풀어 놓았다. 여기에서 볼 수 있듯이, 두 낱말은 결국 같은 뜻을 가지고 있다. 따라서 앞에서 말했던 "반대로 갈 수도 있다"와 "거꾸로 갈 수도 있다"는 둘 다 같은 뜻으로 쓰인 것이다. "옷을 거꾸로 입다"와 "옷을 반대로 입다"는 똑같은 말이다. 다만, '반대로'라는 말에는 "무엇에 맞서서 거스르다"는

뜻이 한 가지 더 있다. 가령 "해당 공무원들의 반대로 진통이 예상된
다."고 할 때가 그런 경우이다. 이때에는 '거꾸로'라고 쓸 수 없으므로
주의해야 한다.

　　뜻 차이가 불분명하게 느껴지는 말 가운데, '꽁지'와 '꼬리'라는
말이 있다. "꽁지가 빠지게 도망가다"고 하기도 하고, "꼬리를 말고
도망가다"고 하기도 한다. 언뜻 보면 비슷해 보이지만, 두 가지 표현에
는 조금 차이가 있다. '꽁지가 빠지게'와 '꼬리를 말고'에서 알 수 있듯
이, 꽁지는 빠지는 것이고 꼬리는 마는 것이다. 개나 고양이와 같은
길짐승의 꼬리는 마는 것이지 빠지는 것이 아니고, 반대로 새의 꽁무
니에 달린 깃은 빠지는 것이지 말 수 있는 것이 아니다. 따라서 날짐승
에게는 꽁지라 하고, 길짐승에게는 꼬리라 하는 것임을 알 수 있다.

난장판의 아수라

날이 갈수록 양극화가 심화돼 가는 우리나라 정치판은 총선을 앞두게 되면 그야말로 난장판이 된다. '난장판'은 여러 사람이 떠들면서 뒤엉켜 있는 모습을 가리키는 말이다. 조선시대 때 과거를 볼 때가 되면 전국 각지에서 양반집 자제들이 시험장으로 몰려들었다. 이렇게 수많은 선비들이 모여들어 질서 없이 들끓고 떠들어 대던 과거 마당을 '난장'이라고 했다. 과거 시험장의 난장에 빗대어, 뒤죽박죽 얽혀서 정신없이 된 상태를 일컬어 '난장판'이라고 하였다.

'난장판'과 똑같은 뜻으로 쓰이는 말이 '깍두기판'이다. 어느 쪽에도 끼지 못하는 사람을 깍두기라 하는데, 이런 사람들이 한자리에 우르르 모여 뒤엉켜 있으면 '깍두기판'이 된다. 그래서 질서가 없는 집안을 비유해서 '깍두기집안'이라고 말하는 것이다. 지금 국민의 이름을 팔며 정쟁을 벌이고 있는 여의도 정가야말로 깍두기판이라 할 수 있다.

　'난장판', '깍두기판'과 비슷한 뜻으로 쓰이는 '아수라장'이란 것도 있다. '아수라장'은 "싸움 따위로 혼잡하고 어지러운 상태에 빠진 것"을 가리키는 말이다. 지금은 우리말이 되었지만, 아수라장은 본디 '아수라'라는 불교 용어에서 비롯된 말이라고 한다. 아수라는 화를 잘 내고 성질이 포악해서 좋은 일이 있으면 훼방 놓기를 좋아하는 동물이다. 따라서 아수라들이 모여서 놀고 있는 모습은 엉망진창이고 시끄럽고 파괴적일 수밖에 없다고 해서 생긴 말이 '아수라장'이라는 것이다. 국민의 삶을 위해 헌신할 일꾼들이 국민의 눈에 아수라처럼 보여서야 되겠는가.

남북한말 몇 가지

정부의 지원으로 『겨레말 큰사전』 편찬 사업이 막바지에 이르러 있고, 남북한 언어 차이에 관한 우리 사회의 관심도 가볍지 않다. 우리가 흔히 쓰고 있는 말 가운데 우리의 표준어와 북한의 문화어가 혼동되는 사례가 많은데, 이는 남북한 언어 차이가 생각보다 그리 심하지 않다는 방증이기도 하다.

정신이 흐릿한 상태를 흔히 '흐리멍텅하다'고 말하지만, 표준말은 '흐리멍덩하다'이다. "하마트면 큰일 날 뻔했다."처럼 '하마트면'이라는 말을 즐겨 쓰고 있는데 '하마터면'이 표준말이다. 귀지를 파내는 기구를 '귀지개'라고 말하는 사람들이 많지만 표준말은 '귀이개'이며, "담배한 가치만 빌려 주세요."라고 할 때의 '가치'도 표준말로는 '개비'라고 해야 한다. 또, 낳은 지 얼마 안 된 어린 젖먹이 아이를 부를 때 '애기'라고 하는 경우가 많지만, 우리 규범어에서는 '아기'가 표준말이다. '흐리멍텅하다', '하마트면', '귀지개', '담배 한 가치', '애기' 들은 모두 북한말로 알려져 있다.

물론 남한말과 북한말이 아주 다른 경우도 많다. 북한에는 '꽝포쟁이'라는 말이 있는데 이 말은 '허풍쟁이'와 가장 가까운 말이다. 북한에도 '허풍쟁이'란 말이 있지만 '꽝포쟁이'는 '허풍쟁이'보다 속된 말로 쓰인다고 한다. 남한에서는 형편이 어려운 사람을 보고 언짢고 가엾은 마음이 들 때 '안쓰럽다'고 말하는데, 이러한 뜻으로 쓰는 북한말은 '안슬프다'이다. 북한사람들이 손아랫사람의 딱한 형편을 보고 "안슬퍼."라고 하면 슬프지 않다는 뜻이 아니라 안쓰럽다는 뜻이 된다.

대갚음하다와 되갚다

남에게 입은 은혜나, 또는 남에게 당한 원한을 잊지 않고 그대로 갚는다는 뜻으로 쓰이는 '대갚음'이란 말이 있다. 이 '대갚음'을 동사로 사용할 때에는 '-하다'를 붙여서 '대갚음하다', '대갚음해 주다'라고 쓰면 된다. 그런데 현대 한국어에서 '대갚음하다'를 '되갚다'로 쓰기 시작했고, 이 말이 차츰 세력을 얻었다. 본디 "내가 당한 만큼 그대로 대갚음해 주겠어!"라고 해야 할 말을 "내가 당한 만큼 그대로 되갚아 주겠어!"라고 쓰고 있는 것이다. 그러다 보니 사전에도 없었던 '되갚다'가 최근에 『표준국어대사전』 인터넷판에 올림말로 자리하게 되었다.

'대갚음하다'와 비슷한 뜻으로 '갚음하다'는 말도 쓰인다. '갚음하다'는 말은 "남에게 진 신세나 품게 된 원한 따위를 갚다."는 뜻인데, 이렇게 신세나 원한을 갚을 때, 받은 그대로 되돌려 준다는 뜻을 강조하는 말이 바로 '대갚음하다'이다. 되도록 은혜는 잘 기억하되, 원한은 마음속에서 지워버리려 노력하는 것이 좋겠다. 원한을 갚음하면 다시 대갚음 당하기 마련이다. 마찬가지로 은혜를 갚음하면 상대방은 다시 은혜로 대갚음할 것이니, 이것이 인지상정이 아닐까.

대보름날 윷놀이

정월 대보름 곧 '대보름날'에는 전통적으로 귀밝이술을 마시고 부럼을 깨무는 풍속이 전해지고 있다. 부럼은 대보름날 새벽에 까서 먹는 호두나 밤, 잣, 땅콩 들을 한데 묶어서 가리키는 말이다. 이것을 깨물면 이가 단단해지고, 까먹고 난 깍지를 버리면 한 해 동안 부스럼이 나지 않는다고 믿어 왔다. 그래서 '부럼'이라는 말도 부스럼의 준말이다.

대보름날에는 마을마다 윷놀이 대회가 열린다. 그런데 해마다 윷놀이 대회를 알리는 동사무소(아직 '주민센터'는 적응이 안 된다.)나 면사무소의 현수막에는 낯선 용어가 등장한다. '척사 대회'란 말이 그것이다. '척사'는 우리 일상생활에서는 전혀 쓰이지 않는 말이다. 국어사전을 찾아보니(도대체 왜 이 말이 우리 국어사전에 올라야 하는지 모르겠지만), '척사'의 '척'은 던질 척(擲) 자이고, '사'는 윷 사(柶) 자이다. 윷놀이를 뜻하는 일본식 한자말인데, 이 말은 일제 때 관에서 쓰던 말이 아직까지 순화되지 않고, 그대로 역시 관에서만 써 내려오고 있는 것이다. 다행히도 '척사 대회'를 '윷놀이 대회'로 고쳐 적는 동·면사무소가 점점 늘어가고 있는 듯하다.

윷가락 이름의 유래에 대해서는 가축의 이름에서 따왔다는 설이 가장 널리 알려져 있다. '도'는 돼지이고, '개'는 개, '윷'은 소, '모'는 말을 뜻한다고 한다. 가운데 '걸'에 대해서는 정확하지는 않지만 양이 아닐까 하는 추측을 하고 있다. 그렇게 되면, '도, 개, 걸, 윷, 모'는 '돼지, 개, 양, 소, 말'이 되어, 뒤로 갈수록 걸음이 빠른 차례가 된다. 그래서 진행해 나가는 칸 수를 그에 맞춰 정해 놓은 듯하다.

딴전 피우는 사람들

오래 전부터 전해 오는 관용구 가운데 '딴전을 부리다', '딴전 피우다'는 말이 있다. 여기서의 '딴전'은 '다른 전'에서 온 말이다. 물건을 늘어놓고 파는 가게를 '전'(廛)이라 한다. 허가 없이 길에 벌여놓은 가게를 지금은 '노점'이라 하지만 옛날에는 '난전'이라 했다. 아직도 쌀가게를 이르던 '싸전'과 생선가게를 뜻하는 '어물전'이 생활언어에 남아 있다.

딴전을 부린다는 것은 이미 벌여 놓은 자기 장사가 있는데도 남의 장사를 봐 준다거나, 다른 곳에 또 다른 장사를 펼쳐 놓는 것을 말한다. 그래서 요즘에는 이 '딴전'이 어떤 일을 하는 데 있어서 그 일과는 전혀 관계없는 일을 뜻하는 말로 쓰이고 있다. 이 말과 같은 뜻으로 '딴청'도 널리 쓰인다.

요즘 정치인들을 보면 딴전 피우는 사람들이 눈에 많이 뜨인다.

자기 일이 있는데도 다른 곳에 또 다른 일을 벌이는 목적은 불을 보듯 뻔하다. 정치인이 국민의 신임을 받기 위해서는 딴전을 부리지 않아야 한다. 자기가 맡은 일, 국민의 눈길은 늘 그것에 향하고 있다.

뜬금없이

'뜬금'이라는 말이 있다. 이때의 '뜬'은 '뜨다'의 관형형이고, '금'은 돈을 말한다. 곧 '떠 있는 돈'을 뜻하는 말이다. 그러니까 '뜬금'이란, 제자리에 묶여 있지 않고 제 마음대로 올랐다 내렸다 하는 물건 값을 말한다. 시세에 따라 달라지는 값이니, 굳이 한자말로 바꾸자면 '변동가' 정도가 될 것이다.

우리는 흔히 들쑥날쑥하거나 갑작스럽고도 엉뚱한 모양을 '뜬금없이'라고 말하고 있는데, 낱말 뜻대로라면 '뜬금으로' 또는 '뜬금처럼'으로 써야 앞뒤가 통하게 된다. 그런데도 '뜬금없이'로 쓰고 있는 것은, 이때의 '없다'를 부정으로 쓴 게 아니라 강조하는 말로 붙인 것이라고 볼 수 있다. 이런 용례는 가끔 눈에 뜨인다. '안절부절'이란 말은 몹시 불안하고 초조하여 어쩔 줄을 모르는 모양을 표현하는 말인데, 그 동사형은 '안절부절하다'가 아니라, '안절부절못하다'이다. '뜬금없이'

에서처럼, 이때에도 '못하다'는 부정이 아니라 강조의 구실을 하고 있음을 알 수 있다.

뜬금 못지않게 민감한 게 '덤'이다. 우리나라 사람들은 에누리해 주는 것보다 덤을 얹어 주는 것을 더 좋아한다고 한다. 일년 열두 달에서 한 달이 거듭되는 윤달을 '덤달'이라고도 하고, 재혼한 여자가 전남편에게서 낳아 데리고 들어온 자식을 '덤받이'라고 한다. 직장에서 기본급 이외에 받는 보수를 '보너스'라고 하는데, 이 말을 '덤삯'이라고 하면 우리말이 맛깔스럽게 살아날 것 같다.

마루 이야기

마루는 '고갯마루', '산마루'처럼 가장 높은 부분을 말하기도 하고 가장 중심이 되는 곳을 가리키기도 하는 순우리말이다. 그래서 멀리 수평선 한가운데 두두룩하게 솟아 보이는 부분을 '물마루'라 하고, 길 바닥에서 가장 높이 솟은 부분을 '길마루'라고 한다. 마루는 자연이나 지형뿐만 아니라, 사람 몸의 '콧마루'나 한옥 지붕의 한가운데 가장 높은 부분인 '용마루'처럼 생활문화에서도 쓰이며, 글을 쓸 때 본문이 되는 부분을 '글마루'라 하듯 추상적 경계까지 넘나든다.

한자 '宗'의 훈이 '마루'이듯, 마루는 어떤 사물의 근본을 뜻하거나 가장 먼저 내세울 수 있는 기준을 나타내기도 한다. 그런가 하면 막다른 곳을 표현할 때에도 마루가 끼어든다. 선거가 끝나고 나면 으레 '한 끗 차이로 낙선했다'고 아쉬워하는 후보들이 있게 마련이다. 어떤 일의 성사 여부를 결정짓는 마지막 끝판을 '대마루판' 또는 줄여서

'대마루'라고 하니, 계속 앞서 가다가 대마루판에서 고비를 넘지 못하고 패했다고 말할 수 있다.

서울경찰청 동쪽 담 옆에서 구세군회관까지 한글가온길(새문안로 3길)이 북에서 남으로 죽 뻗어 있다. 이 한글가온길의 '길마루'에는 온통 영문자 상호와 광고글로 뒤덮인 서양식 음식점이 세련된 외관을 뽐내며 당당하게 서 있고, 그 아래쪽에 한글회관이 허름한 모습으로 자리해 있다. 마치 오늘날의 언어 현실을 보는 듯하지만, 한글은 여전히 우리 겨레문화의 '용마루'이다.

막걸리에 대하여

 우리 선조는 술을 가리켜 "정신을 흐리멍덩하게 하고 갈피를 잡을 수 없게 만드는 물"이라는 뜻으로, '도깨비물' 또는 '도깨비탕'이라고 불렀다. 지방에 따라 술을 '도깨비뜨물'이라고 하는 곳도 있다. 옛날에는 주로 막걸리를 마셨는데, 그 빛깔이 쌀을 씻어내 부옇게 된 뜨물과 닮았기 때문이다.

 '막걸리'는 '거칠다'는 뜻을 나타내는 접사 '막-'과, '거르다'에 '이'가 붙은 '걸리'가 합쳐져서 만들어진 말이다. 막걸리와 같은 방식으로 만들어진 말 가운데 '막국수'가 있다. "겉껍질만 벗겨 낸 거친 메밀가루로 굵게 뽑아 만든 거무스름한 빛깔의 국수"를 막국수라 한다. 막걸리도 이처럼 "거칠게 걸러낸 것"이라는 뜻인데, 말 그대로 맑은술을 떠내지 않고 그대로 걸러 짜낸 술이다. 알콜 성분이 청주보다 적으며 빛깔이 흐리고 맛이 텁텁하다. 한자말로는 '탁주'라 하고 경상도 사투리로는

'탁배기'라 한다.

술은 취하지 않을 정도로 마시는 것이 가장 좋겠지만, 때때로 적당히 취해보고 싶을 때도 있다. 딱 알맞을 정도로 취한 상태를 나타낼 때에는 '거나하다'는 말을 써서 "거나하게 취했다."고 한다. 반면에, 술에 몹시 취해서 정신을 못 차리는 상태는 '고주망태'라는 말로 표현할 수 있다. '고주망태'의 '고주'는 본래 '고조'에서 변한 말인데, 술을 짜서 받는 틀을 가리킨다. 또 '망태'는 술을 걸러낼 때 쓰는 기구이다. 술을 너무 마시게 되면 그 사람 자체를 이렇게 술을 만들 때 쓰이는 기구로 표현하게 된다.

멋쟁이를 만드는 멋장이

　요즘엔 화장품 가게들에 밀려나 거의 자취를 감추었지만, 옛날에는 이 마을 저 마을 다니며 화장품을 파는 여인네들이 많았다. 그녀들은 화장품만 파는 게 아니라, 집밖으로 나가기 힘든 마을 아낙들의 얼굴을 가꾸어 주는 '출장 분장사' 노릇까지 떠맡았었다. 바로 이들을 대신하여 생겨난 직업이 오늘날의 '메이크업 아티스트'이다.

　얼굴 못지않게 여자의 겉모습을 돋보이게 하는 것은 머리 모양새이다. 마을 아낙들의 머리를 손질해 주고 온갖 수다까지도 다 받아 주던 직업이 미용사였다. 그런데, 미용실이 차츰 내부 장식이 화려해지며 '헤어 살롱'으로 바뀌더니, 미용사는 이제 '헤어 디자이너'로 불린다.

　옷이 날개라는 말처럼, 옷은 입기에 따라 사람의 겉모습을 초라하게도, 근사하게도 만든다. 하지만 옷맵시를 낸다는 게 그리 쉬운 일은 아니다. 그래서 남의 옷맵시를 살려 주고 가꾸어 주는 직업이 생겨났는데, 바로 '코디네이터'이다.

메이크업 아티스트와 헤어 디자이너와 코디네이터. 사람의 겉모습을 아름답게 꾸며 멋쟁이를 만들어 준다는 공통성이 있는 직업들이다. 그리고 직업 이름이 모두 영어로 표현되었다는 공통점도 가지고 있다. 영어로 표현하면 더욱 세련되게 느껴지는 걸까? 사람의 겉모습은 영어식 이름을 가진 전문가가 꾸며야 더욱 빛나는 것일까? 이는 두말할 것 없이 영어에 비해 우리말을 낮추어 보는 언어의 천민 의식에 다름 아니다.

우리말에는 직업을 나타내는 뒷가지(접미사)가 여럿 있다. 중세 시대에는 중국 말글 우월 사상에 빠져 우리말을 천시하였기 때문에, 주로 서민들의 생계를 위한 직업에 이러한 우리말 뒷가지가 붙어 쓰였다. 대표적인 것들이 '-꾼', '-바치', '-장이' 들이다. 이들 가운데 '-장이'에 주목해 보자.

표준말 규정을 보면, '-장이'는 기술자의 의미를 나타내는 형태에 붙이고, 그 외에는 '-쟁이'를 붙이기로 밝히어 있다. 이에 따라, 쇠를 달구어 연장을 만드는 기술자를 '대장장이'라고 하고 벽에 흙 바르는 기술자를 '미장이'라고 한다. 기술자에 속하지 않는 예로는 '욕심쟁이, 깍쟁이, 말썽쟁이' 따위가 있다. 그러므로 '멋을 부리는 사람'은 '멋쟁이'가 맞다.

그러나 예전과 달리 직업이 세분화하고 전문화한 요즘에는 '멋을 내는 기술자'를 뜻하는 '멋장이'란 말도 쓰일 수 있다. 앞에서의 메이크업 아티스트, 헤어 디자이너, 코디네이터를 모두 우리말 '멋장이'라 부르면 어떨까? 멋쟁이를 만드는 사람, 멋장이!

명태 이야기

명태는 동해안 북쪽에서 많이 잡히던 고기여서 '북쪽에서 나는 고기'라는 뜻으로 '북어'라고 불렸다. 이를 경기도 남쪽 지방에서는 주로 말린 상태로 먹었기 때문에, 오늘날 '북어'는 명태 말린 것을 가리키게 되었다. 말린 명태를 '건태'라고도 부른다. 이에 비해 얼린 명태는 '동명태'라 했다가 '동태'로 굳어졌고, 반대로 얼리지 않은 명태는 '생태' 또는 '선태'라고 부른다. 명태를 어디에서 잡았는가에 따라 그 이름이 달리 붙여지기도 했는데, 강원도에서 잡은 것은 '강태'라 했고, 원양어선이 잡아 온 것은 '원양태', 일본 홋카이도에서 잡은 것은 '북양태'라 불렀다. 또 그물로 잡은 것은 '망태', 낚시로 잡은 것은 '조태' 들처럼 잡은 방법에 따라서도 이름을 다르게 붙었다.

명태는 강원도에서 많이 잡혔는데, 주로 말려서 유통되었기 때문에 이와 관련된 이름들이 많다. 강원도 높은 산에서 산바람에 완전히 얼려 말리면 더덕처럼 빛깔이 누렇게 되고 살이 연해지는데, 이를 '더덕북어'라 한다. 이 더덕북어를 요즘에는 흔히 '황태'라고 한다. 덕장에서 말릴 때 기온이 너무 내려가게 되면 껍질이 하얗게 바래게 된다. 이처럼 하얗게 된 명태를 '백태'라 부르고, 반대로 날씨가 따뜻해서 물기가 한꺼번에 빠져 딱딱하게 되면 '깡태'라 한다.

　　우리 귀에 익숙한 이름으로 '노가리'라는 게 있다. 노가리는 명태 새끼를 부르는 이름이다. 명태 새끼를 역시 말려서 유통시키는데, 주로 생맥줏집에서 안줏감으로 희생되고 있다. 노가리와 비슷한 이름으로 '코다리'라는 것도 있다. 코다리는 명태를 덜 말린 것이다. 경북 영덕 지방에 가면 동해에서 잡은 명태를 바닷바람에 밤에는 얼렸다가 낮에는 녹였다 하면서 반쯤만 말려 먹기 좋게 만드는데 이것이 코다리이다.

못, 알, 톨, 매, 벌, 손, 뭇, 코, 쾌

인류가 쓰고 있는 6~7천 종의 언어 가운데 우리말만큼 세는 말이 잘 발달되어 있는 언어도 드물다. 대상의 형태와 특성에 따라 신묘하게 부려 써 온 세는 말들이 이미 오래 전부터 외래 언어에 밀려나 이제는 몇몇 제한된 범위 안에서만 쓰이고 있는 현실이 못내 안타깝다. 하나하나 낱낱을 셀 때, 요즘에야 거의 한자말 '개'로 세고 있지만 본디 그 대상에 따라 세는 말이 달랐다. 가령, 두부나 묵 따위와 같이 모난 물건일 때에는 '모'라는 단위명사를 쓰고, 작고 둥글둥글하게 생긴 것을 셀 경우에는 '구슬 한 알', '달걀 한 알', '사과 한 알'처럼 '알'이란 단위를 쓴다. 특히, 밤이나 도토리 따위를 셀 때에는 '알'이라고도 하지만, '밤 세 톨, 도토리 네 톨'처럼 주로 '톨'이라는 말을 부려 썼다.

물건에 따라서는 두 낱을 묶어서 세어야 하는 것들도 많다. 두 낱이 서로 짝을 이루는 대상이나 짝이 갖추어진 물건일 경우에는 '켤레'나 '매', '벌'과 같은 단위들을 쓴다. 예를 들면, 신발을 셀 때에는 '켤레'를 쓰고, 젓가락 한 쌍을 셀 때에는 '젓가락 한 매'처럼 '매'를 쓴다. 옷을 셀 때에도 윗도리와 아랫도리를 묶어서 셀 때에는 '치마저고리 한 벌'처럼 '벌'이란 단위를 쓴다.

그 밖에, 여러 개를 한꺼번에 묶어서 세는 단위명사들도 있다. '손'이나, '뭇', '코', '쾌' 같은 말들은 모두 여러 개를 한 단위로 삼는 것일 때에 사용한다. 주로 수산물을 세는 단위로 널리 쓰이는데 각각의 쓰임새와 단위별로 묶이는 개수는 모두 다르다. '손'은 고등어 두 마리를 한 단위로 세는 말인데, 크고 작은 두 마리를 섞는 것이 원칙이다. 손에 잡을 수 있는 양이란 뜻으로 고등어 두 마리를 한 손이라 하였다. '조기 한 뭇'은 조기 열 마리를 말하고, '낙지 한 코'는 낙지 스무 마리를 말한다. '북어 한 쾌'는 북어 스무 마리이고, '청어 한 두름' 하면 청어 열 마리씩 두 줄로 묶은 스무 마리를 가리키는 말이다.

모음소리를 바르게

새해를 맞이하여 '움츠렸던 어깨를 활짝 펴세요.'라고 할 때, '움츠리다'를 '움추리다'로 잘못 쓰는 사례가 많다. 그런가 하면, '오므리다'를 '오무리다'로 잘못 쓰고 있는 사례도 자주 눈에 뜨인다. 아무래도 '으'보다는 '우'가 소리 내기 편해서일까? '움츠렸던' 어깨를 활짝 펴고 '오므렸던' 다리를 쭉쭉 뻗어, 새해 첫 걸음을 힘차게 내딛는 이들이 많았으면 좋겠다.

이처럼 우리 말살이에서는 모음소리를 바르게 내지 않는 사례들이 더러 눈에 뜨인다. 올해는 여느 해보다 보신각 타종 행사가 단출하게 치러졌다고 하는데, 이때의 '단출하다'를 '단촐하다'로 잘못 말하는 경우를 자주 본다. 또 낮은 건물이나 낮은 목소리는 '나즈막한' 것이 아니라 '나지막한' 것이다. '나지막하다'의 상대어가 '높지막하다'인 것을 염두에 두면 혼동을 피할 수 있다.

한두 가지 예를 더 들어 보면, 아기의 볼을 만지면서 '맨질맨질하다'고 말하는 이들이 있는데 이때의 '맨질맨질하다'는 '만질만질하다'를 잘못 쓰고 있는 것이다. 만지기가 좋게 연하고 보드랍다는 뜻이다. 또, 혀를 '낼름거리다'고 하는 것도 잘못 쓰고 있는 말이다. 표준말은 '날름거리다'이다. 우리 말소리의 가장 작은 단위는 음절이고, 한 음절의 핵을 이루는 것이 모음이다. 모음을 바르게 소리 내는 것은 우리 말소리의 중심을 바로 잡는 방법 가운데 하나라고 할 수 있다.

무궁무진한 말 만들기

우리말이 만들어진 모습은 무척 슬기롭고 효율적이다. '길다'는 '길'에 '-다'가 붙어서 만들어진 말이다. '길'이라는 말을 떠올리면, '길고도 멀어서 끝나는 데를 알 수 없는 것'이라는 속성이 느껴진다. 그래서 이 '길'에 '-다'를 붙여 '길다'라는 동사를 만들었다. 같은 원리로 '빗'의 주된 용도를 나타내는 동사를, 물건의 이름인 '빗'에 '-다'를 붙여서 '빗다'라고 만들었다. '신'에 '-다'를 붙여 '신다'가 됐고, '품다'는 '품'에 '-다'를 붙인 말이다. 어떤 사물의 속성을 그대로 밝혀서 동사로 만든 것들이 우리가 가장 많이 쓰고 있는 기본 어휘들이다.

'솔다'는 말이 있는데, 이때의 '솔'은 가늘고 좁다는 뜻의 말이다. 바느질할 때, 옷의 겉과 속을 뚫고 가느다랗게 이어진 봉합선을 '솔' 또는 '솔기'라고 한다. 소나무 잎을 솔잎이라고 하는 것도 그 잎 모양이 가느다랗고 좁기 때문이다. 이 '솔'에 '-다'를 붙여서 '솔다'라고 하면,

'좁다'는 뜻이 된다. 지금도 나이 든 세대 가운데는 '좁다'는 말을 '솔다'라고 표현하는 이들이 많다.

이러한 기본 어휘들을 바탕으로 우리말은 무궁무진하게 만들어져 왔다. 앞에서 예를 든 '솔'의 경우만 보더라도, 솔에는 가느다랗다는 뜻이 있기 때문에, 이 솔을 반복해서 '솔솔'이라고 하면, 가느단 것이 계속 이어지는 모양을 말한다. 그래서 연기가 가느다랗게 피어오르는 모양을 "연기가 솔솔 난다."고 하는 것이다. 또한, 냄새가 가느다랗게 이어져 맡아지면 "냄새가 솔솔 난다."고 말하며, "솔솔 부는 솔바람"은 가늘게 부는 바람임을 알 수 있다.

무료로 주고 공짜로 받고

우리가 평소에 쓰고 있는 말 가운데는, 낱말의 형태는 다른데 뜻은 비슷한 말들이 많이 있다. '무료'와 '공짜'라는 말도 그 가운데 하나이다. 이 두 말은 같은 말로 보아 흔히 구별하지 않고 쓰는 경향이 많다. 그러나 뜻을 잘 살펴보면, '공짜'라는 말은 "거저 얻는 물건"을 말하고, '무료'는 "요금이 없음"을 뜻하는 말이다. 그렇기 때문에, "공짜라면 양잿물도 먹는다."처럼 공짜는 물건이나 일을 제공 받는 사람의 입장에서 쓰지만, "설날 연휴 동안 고궁을 무료로 개방합니다."처럼 무료는 제공자 입장에서 주로 쓰는 말이다.

지하철 역 주변에는 시민들에게 무료로 주는 신문이나 홍보물들이 넘쳐나고, 시민들은 출근길에 그것들을 공짜로 받아간다. 이때, 신문을 무료로 배부한다고 하기도 하고, 배포한다고 하기도 한다. '배부'와 '배포'는 둘 다 신문이나 책자 따위를 나누어 준다는 뜻을 가지고 있다. 뜻은 큰 차이가 없지만 사용할 때는 구별해서 써야 할 말들이다. '배포'는 받는 대상이 정해져 있지 않은 경우, 곧 많은 사람들에게 널리 나누어 줄 때 사용하고, '배부'는 어느 정도 대상이 정해져 있는 경우에 사용하는 말이다. 가령, "광고 전단을 수십만 부 찍어서 배포했다."고 할 때에는 '배포'로 쓰고, "수능 성적표를 학생들에게 배부했다."고 할 때는 '배부'가 알맞다.

무엇이든 '가져야' 할까?

우리 신문들의 기사문을 꼼꼼히 살펴보면, 영어식 표현이나 번역 투 말들이 갈수록 늘어나고 있는 것을 알 수 있다. 많은 사람들의 숱한 노력에도 아랑곳없이 우리말의 고유한 틀이 나날이 일그러지고 있으니 답답한 노릇이다.

그 가운데서도 "건전한 생각을 가진 정치인"이라든가, "소모임을 가졌다.", "가진 사람들"처럼, '가지다'라는 말이 본뜻과는 다르게 매우 여러 곳에 쓰이고 있는 것이 눈에 뜨인다. 심지어는 "다섯 남매를 가진 가장"과 같은 표현까지도 보인다. 이때의 '가지다'는 모두 우리말에 알맞지 않게 쓰인 사례들이다. 우리말에서 '가지다'는 "손에 쥐거나 몸에 지니다"라는 뜻으로 써 온 낱말이다. 다시 말하면 무엇인가를 '차지하다'는 뜻으로 이 말을 써 왔다. 그런데 요즘 서양문화가 우리 생활을 지배하면서부터, 온갖 것을 탐내어 가지고 싶어하는 속성에 따라 영어의 'have'

를 직역한 '가지다'가 아무 곳에나 쓰이고 있는 것이다.

　"건전한 생각을 가진 정치인"은 "건전한 생각이 있는 정치인"이라 하면 되고, "소모임을 가졌다."는 "소모임을 열었다."로, "가진 사람들"은 "돈 많은 사람들"로 표현하면 된다. "다섯 남매를 가진 가장"도 "다섯 남매를 둔 가장"으로 해야 올바른 표현이다. 우리나라 헌법 제12조의 "모든 국민은 신체의 자유를 가진다."는 문장도 "모든 국민에게 신체의 자유가 있다."로 고쳐 써야 본디의 우리말 표현이라고 할 수 있다. 무엇이든 가져야(have) 하는 문화는 우리에게 맞지 않다.

물과 말의 공통점들

물과 말은 여러 가지 면에서 닮아 있다. 사람이 살아가는 데 꼭 필요한 것임에도 그 소중함을 잊고 사는 점이나, 한번 쏟으면 다시 주워 담을 수 없다는 점도 닮았다. 또, 맑은 물을 마셔야 몸이 건강해지는 것처럼, 깨끗하고 바른 말을 쓰면 정신이 건강해진다는 점, 한번 오염되면 다시 맑게 하는 데에 오랜 시간이 걸린다는 점 들이 모두 물과 말의 공통점이다.

'물'은 입을 나타내는 'ㅁ' 자 아래에 'ㅜ' 자가 식도처럼 내려가 있고, 그 아래에 대장의 모양과 비슷한 'ㄹ' 자가 받치고 있다. 이것은 물이 사람의 몸에 들어가서 온 몸 안에 흐르는 모습을 보여주고 있는 것 같기도 하다. '물'과 '말' 두 글자가 다른 곳이라곤 'ㅁ'과 'ㄹ' 사이에 있는 모음글자뿐이다. '말'은 입을 나타내는 'ㅁ' 다음의 모음글자가 아래로 향해 있지 않고, 오른쪽에 놓여서 확성기처럼 입을 밖으로 내몰고 있는 꼴이다. 자기 자신을 입을 통하여 밖으로 알리는 것이 바로 말인 것이다. 그래서 깨끗한 말을 쓰는 사람을 보면 그 사람 자체가 깨끗해 보이고, 거친 말을 쓰면 그 사람이 거칠어 보이게 된다.

날이 더워지면 몸 안의 열기도 함께 올라가서, 작은 일에도 쉽게 열을 받게 된다. 그렇게 뻗친 열이 입을 통하여 거친 말로 쏟아질 수도 있는데, 이것은 결국 자신의 격을 낮추는 결과만 가져온다. 더운 여름에는 자주 물을 마셔서 몸 안을 식히고, 좋은 말들을 많이 들어서 마음을 가라앉히는 것이 슬기로운 생활 자세이리라 생각한다. 좋은 말은 반드시 귀로만 듣는 것이 아니라, 남이 써놓은 글을 통해서도 얻을 수 있기 때문에, 책을 많이 읽는 것이 큰 도움이 될 것이다.

미망인의 그림자

지난날 우리 사회에서 오랫동안 집안일이나 하는 사람으로 취급돼 왔던 여성들이 오늘날에는 남성과 동등한 사회 활동을 펼치고 있다. 그럼에도 우리말에는 여자를 낮추어 보는 말들이 여전히 남아서 쓰이고 있다.

'미망인'이라는 말도 그 가운데 하나다. 미망인의 뜻을 그대로 풀이하면, "아직 따라 죽지 못한 사람"이다. 본디 이 말은 남편과 사별한 여자가 자신을 낮추어 이르던 일인칭 대명사였다. 그런데 요즘에는 이 말이 남편과 사별한 여자를 가리키는 일반 명사로 쓰이고 있다. 스스로를 낮추어 미망인이라 하면 모르되, 남에게 미망인이라 부르는 것은 예의가 아니다. 이 말에는 여자를 남자에게 종속된 존재로 보는 뜻이 담겨 있다. 전통적인 우리말에서는 남편과 사별한 여자를 '홀어미'라 부르고, 마찬가지로 아내와 사별한 남자를 '홀아비'라 부른다.

책방에 가서 새로 나온 책들을 살펴보면, 책 표지에 아무개의 '처녀작'이란 문구가 쓰여 있는 것을 가끔 볼 수 있다. 그리고 사람의 발길이 닿지 않은 숲을 '처녀림'이라 하고, 아무도 오르지 못한 산봉우리를 흔히 '처녀봉'이라 부른다. 처녀는 결혼하지 않은 여자를 가리키는 말인데, 이 말을 아무도 손대지 않았다는 뜻으로 여기저기에서 쓰고 있는 것이다. 이 또한 남성 위주의 시각에서 여성에게만 순결을 강조하는 성 차별 요소를 담고 있는 말이다. '처녀작'은 '첫 작품'으로 말하면 된다. 여기저기에 쓰고 있는 '처녀' 대신에 '첫', 또는 '처음'과 같은 말을 사용해도 뜻을 전달하는 데 아무런 문제가 없다.

밀월여행

가을은 곡식뿐만 아니라 여름내 공들였던 사랑의 수확물을 거둬들이는 때이기도 하다. 그래서인지 가을에는 유난히 혼례를 치르는 연인들이 많다. 게다가 가을은 여행하기가 좋은 계절이라서, 신혼여행 중에 새 생명을 잉태할 확률도 높다. 우리는 혼인식이 끝나고 신혼여행을 하던 중에 바로 임신해서 낳은 아기를 '허니문베이비'라고 부르고 있다. 그러나 우리말에도 허니문베이비와 뜻이 같은 말이 있다. 우리 선조들은 혼인하자마자 임신해서 낳은 아기를 '말머리아이'라고 하였다. 이 말은 국어사전에도 올라 있는 표준말이다. 허니문베이비보다는 '말머리아이'가 정겹고 살갑다.

혼인식을 치르고 난 바로 다음의 즐거운 한두 달을 뜻하는 말이 바로 '밀월'이다. 이 밀월 기간에 가는 여행을 '밀월여행'이라고 하는데, 신혼여행도 혼인하자마자 가는 여행이므로 밀월여행이라고 할 수 있다. 밀월은 영어 '허니문'에서 온 말이다. 'honey'가 꿀이고 'moon'이 달을 뜻하는 말이라서, 꿀 밀(蜜) 자와 달 월(月) 자를 써서 밀월이라고 한 것이다. 혼인한 직후의 꿀같이 달콤한 때를 비유하는 말이다. 그런데, 밀월여행을 몰래 다녀오는 여행이라고 생각하는 사람들이 있다. 꿀 밀(蜜) 자를 은밀할 밀(密) 자로 잘못 알고 있기 때문에 혼동하고 있는 것이다.

받침소리를 바르게

"물이 맑다."를 [무리 막따]로 말하는 이들도 있고, [무리 말따]로 말하는 이들도 있다. "집이 넓다."를 어떤 이들은 [지비 널따]로 말하는가 하면, 어떤 이들은 [지비 넙따]로 말한다. 또, "하늘이 맑게"가 [하느리 말께], [하느리 막께]처럼 일관되지 않게 발음되기도 한다. 이와 같이 나날살이에서 겹받침 소리가 이어날 때 혼란을 겪는 사례가 잦다.

'표준어 규정(표준 발음법)'에서는 겹받침 소리를 발음할 때, 'ㄺ' 받침은 바로 자음이 이어질 경우 [ㄱ]으로 소리 난다고 하였다. 그러니 "물이 맑다."는 [무리 말따]가 아니라 [무리 막따]이다. 그렇다면 "하늘이 맑게"는 [하느리 막께]가 되어야 하는데 이때에는 [하느리 말께]가 표준 발음이다. 'ㄺ' 받침은 그 뒤에 'ㄱ'이 이어지면 [ㄹ]로 발음한다는 예외 규정 때문이다. 물론 보편적 발음 현상을 좇아 이러한 예외 규정을 두었을 것이다.

'ㄼ' 받침의 경우에는 그 바로 뒤에 자음이 이어질 때 [ㄹ]로 발음한다고 규정하였다. 그래서 "집이 넓다.", "밤이 짧다."는 [지비 넙따], [바미 짭따]가 아니라 [지비 널따], [바미 짤따]가 맞다. 그러나 "일본을 밟고"는 'ㄼ' 받침소리를 낼 때 [일보늘 발꼬]가 아니라 [일보늘 밥꼬]로 발음한다. 이때에는 "'밟-'은 자음 앞에서 [밥]으로 발음한다."는 예외 규정을 따르기 때문이다. 받침소리 바르게 내기는 생각보다 만만치 않다.

받침소리의 혼란

요즘 들어 '햇빛이', '햇빛을'과 같은 말들을 [해삐시], [해삐슬]로
발음하는 사람들이 부쩍 많아졌다. '꽃이 피었다'를 [꼬시 피어따], '꽃
을 꺾다'를 [꼬슬 꺽따]로 발음하는 것도 마찬가지인데, 모두 받침소리
에 유의하지 않고 무심코 발음하다가 버릇이 돼버렸기 때문이다. 표기
를 잘 살펴서 [해삐치], [해삐츨], [꼬치], [꼬츨]과 같이 올바르게 발음하
도록 주의를 기울여야 하겠다.

그런데 어떤 이들은 거꾸로, "손을 [깨끄치](깨끗이) 씻어라.", "지
우개로 [깨끄치](깨끗이) 지운다."처럼 말하는 경우도 있다. 이때에는
[깨끄치]가 아니라 [깨끄시]가 표준 발음이다. 따라서 표기할 때에도
시옷받침을 적어야 하는 것이다. 쉬운 말인데도 받침소리를 잘못 발음
하는 경우라고 생각된다.

비슷한 사례로 흔히 "[비슬](빚을) 갚았다."라고 하는 말을 들을

수 있는데, 이때에는 [비슬]이 아니라 "[비즐] 갚았다."로 말해야 한다. 또, "[끄츨](끝을) 보고야 말겠다."라는 말도 "[끄틀] 보고야 말겠다."가 표준 발음이다. "끝"이나 "밭", "볕"과 같은 경우처럼 티읕받침으로 끝나는 말은, [끄틀/바틀](끝을/밭을), [끄테서/바테서](끝에서/밭에서), [해뼈틀/해뼈테](햇볕을/햇볕에)로 발음한다. 하지만, 뒤에 '이' 자가 붙을 때는 [티]가 아니라 [치]로 소리가 달라진다. 가령 "[끄티](끝이) 좋지 않다."가 아니라 "[끄치] 좋지 않다."인데, 이렇게 어미 '이'가 붙는 경우를 제외하고는 모두 받침소리를 잘 살펴서 발음해야 한다.

백상어의 공포

〈죠스〉는 여름바다를 배경으로 한, 꽤나 유명했던 영화이다. 흔히 이 영화를 가리켜 '백상어의 공포'라고 소개하곤 했다. 〈죠스〉에 출현했던 상어는 전체적인 몸뚱이가 잿빛이고 배는 하얀 빛을 띠고 있다. 이러한 상어를 흔히 '백상어'라 하는데 바른 말이 아니다. 몸통이 은빛을 띤 상어는 '은상어'라고 하지만, 이 배가 하얀 상어는 백상어가 아니라 '백상아리'이다. 또, 배가 하얗지만 몸빛이 짙은 푸른빛을 띤 상어가 있는데, 이 상어의 이름도 청상어가 아니라 '청상아리'이다.

바닷물고기 가운데, 같은 물고기를 두고 이름을 달리 부르는 경우가 더러 있다. 횟감으로 사랑받는 광어의 경우, 본래 이름은 넙치이다. 이것을 어느 때부턴가 한자말로 광어라고 부르고 있는 것이다. 넙치와 비슷하게 생긴 물고기인데 두 눈이 넙치와는 반대로 오른쪽에 몰려서 붙어 있는 물고기가 가자미와 도다리이다. 횟감뿐만 아니라 김밥 재료로도 인기 있는 참치 또한 본디 이름은 참다랑어(또는 다랑어)이다.

　이런 비슷비슷한 이름은 식물에서도 흔히 볼 수 있다. 당근과 홍당무는 대개 같은 식물을 말하지만, 홍당무가 모두 당근인 것은 아니다. 홍당무라는 이름을 가진 식물은 두 가지가 있다. 하나는 무의 일종으로 뿌리의 껍질은 붉지만 속살은 하얀 것이고, 또 하나는 우리가 알고 있는 당근을 가리키는 홍당무이다. 그런가 하면 감자와 돼지감자도 모양은 비슷하지만 품종이 다른 식물이다. 우리가 흔히 먹는 감자는 가짓과에 속하고, 돼지감자는 국화과에 속한다. 돼지감자는 식용보다는 당분이나 알콜 원료로 사용하고 있다. 돼지감자를 달리 뚱딴지라고 부르기도 한다.

백세 시대

'백세 시대'라는 유행어는 무병장수에 관한 사람들의 관심을 더욱 뜨겁게 달군다. 전화나 편지로 전하는 안부에는 언제나 '건강'이 최고의 인사말이다. 날씨가 영하로만 내려가도 오리털 가득 채운 방한복에 싸인 에스키모들이 넘쳐나고, 먼지가 많다 싶으면 빠짐없이 입마개들을 하고 거리에 나선다. 실제로 우리 주위에는 건강하게 장수를 누리는 어르신들이 많다.

흔히 장수를 축하하는 잔치에서, 칠순을 '고희'라고 하는 것처럼, 많은 사람들이 팔순이나 구순에도 비슷한 별칭이 있을 것이라 짐작하고 있다. 그러나 우리말에서 80살은 그대로 '팔순'이며, 90살은 '구순'이라고 하면 된다. 일부에서는 팔순을 '산수(傘壽)'라 하고, 구순을 '졸수(卒壽)'라고도 쓰는데, 이것은 모두 일본식 한자 쓰기에서 전해진 말이지 우리의 전통은 아니다. 또, 77살을 '희수(喜壽)', 88살을 '미수(米壽)'

라고 하여 성대한 생신 잔치를 치르는 이들도 있다. 그러나 우리에게는 77살이나 88살을 기리는 전통이 없었다. 유별나게 장수에 관심이 많은 일본 사람들의 풍속을 우리가 따라 하고 있는 것이다. 자연히 이 말들도 모두 일본에서 들어온 것이다.

　장수를 축하하는 잔치에 갈 때 마련하는 부조금 봉투에는, 굳이 '희수'나 '산수', '미수'라는 별칭을 일일이 쓸 필요는 없고, "축 수연"이라고 쓰면 무난하다고 생각한다. 60살까지 살면 장수한 것이라 여겼던 시절에는 '수연'이라 하면 대개 환갑잔치를 가리키는 말이었지만, 수명이 많이 늘어난 요즘에는 장수를 축하하는 잔치에 공통적으로 '수연'이라는 표현을 쓸 수 있다. 물론 어려운 한자말 대신 "건강하게 오래오래 사십시오."라고 쓴다면 더할 나위 없이 좋겠다.

뱃살 같은 군더더기 말들

가끔 "주민들의 해묵은 숙원 사업을 해결하기 위해"라는 말을 듣는다. 군더더기가 붙은 표현이다. '숙원'이란 말이 오래전부터 품어 온 염원이나 소망을 담고 있기 때문에, 여기에 다시, 많은 시간이 지나다는 뜻으로 쓰이는 '해묵다'를 붙여서 표현할 필요가 없다. 그냥 "주민들의 숙원 사업을 해결하기 위해"라고만 해도 충분하다. "어려운 난관에 봉착했다."는 문장도 마찬가지이다. "난관에 봉착했다."고 해도 충분히 의미 전달이 된다. '난관'이란 말이 일을 해 나가면서 부딪치는 어려운 고비를 이르기 때문에 '난관' 앞에 붙은 '어려운'이란 말은 군더더기일 뿐이다.

무심코 쓰는 말들에 이렇게 필요 없는 군더더기가 붙어 세련된 언어생활을 방해하고 있다. "직장인의 목표는 거의 대동소이하다."는 문장의 경우, 한자말의 뜻을 정확히 이해하지 못해 같은 뜻의 낱말을 겹쳐 쓰고 있다. '대동소이'가 "큰 차이 없이 거의 같다."는 뜻이기 때문에, 그 앞에 '거의'란 낱말을 붙이는 것 또한 군더더기이다. "직장인들의 목표는 거의 같다."라든가, "직장인들의 목표는 아주 비슷하다."처럼, '대동소이하다' 대신 '거의 같다', '아주 비슷하다'로 바꿔서 표현하면 더욱 자연스럽다.

어떤 의미를 강조하거나 기존 낱말의 뜻을 보완해 이해를 도우려는 것이 아니라면, 겹치는 표현은 불룩 나온 뱃살처럼 군더더기일 뿐이니, 건강한 언어생활을 위해 삼가는 게 좋다. "손을 놓은 채 수수방관하다."는 그냥 "수수방관하다."로 하면 되고, "독자 노선의 길을 걷다."는 "독자 노선을 걷다.", "그대로 답습하다."에서는 '그대로'를 빼고 "답습하다."로 쓰는 게 자연스럽다.

사람의 일생

　사람의 일생은 크게, 유년에서부터 소년, 청년, 장년, 중년, 노년으로 시기를 구분하여 말하는 것이 일반적이다. 그러나 각 시기별로 나이가 구체적으로 뚜렷하게 구분되는 것은 아니다. '유년'은 사전에는 "어린 나이"로 되어 있는데, 태어나서 초등학교 입학 전까지를 가리킨다고 볼 수 있다. 초등학생 때부터는 '소년'이라고 할 수 있는데, 법률적으로는 19살 미만인 남자와 여자를 아울러서 '소년'이라고 한다. 그러나 일상적으로는 이 시기의 여자를 따로 '소녀'라고 부르고 있다.

　'청년'은 국어사전에 "신체적, 정신적으로 한창 성장하거나 무르익은 시기에 있는 사람."으로 풀이되어 있다. 보통 '청년'이라고 하면 20대 남자를 가리키지만, 법률적으로는 그 시기의 남녀를 포함해서 말한다. '소년'과 '청년'을 아울러서 '청소년'이라고 하는데, 우리나라 청소년 기본법에서는 9살 이상 24살 이하의 남녀를 '청소년'으로 명시

하고 있다.

청년기를 지나면 장년에 이르는데, '장년'은 사람의 일생 중에서 한창 기운이 왕성하고 활동이 활발한, 서른에서 마흔 안팎의 나이에 있는 남녀를 말한다. 경제적으로 볼 때에도 가장 생산성이 높은 연령대라고 할 수 있다. '장년' 층 가운데서도 특히 마흔 살 안팎의 나이에 있는 사람을 따로 '중년'이라고 이르고 있다. 그러나 요즘에는 수명이 많이 늘어나서 50대까지도 '중년'에 포함해서 말하고 있다. 예전에는 50대에 접어들면 그때부터 '노년'이라고 불렀는데, 이제는 '노년'이라고 하면 환갑이 지나는 시기부터라고들 인식하고 있다. 이 '노년'과 비슷하게 쓰이는 말이 '만년'인데, '노년'과 '만년'은 모두 토박이말 '늙은이'에 해당하는 한자말이다.

산통 깨는 사람들

다 되어 가는 일이 뒤틀리는 것을 '산통이 깨지다'고 한다. 이때의 산통은 점치는 데 쓰는 산가지를 넣은 통을 가리킨다. 산가지는 숫자를 세는 데 쓰던, 젓가락처럼 생긴 물건이다. 산통을 흔든 다음에 산가지를 뽑아서 앞으로 일어날 일을 점쳤다. 이때 점괘가 마음에 들지 않으면 산통을 빼앗아 깨뜨려 버렸는데, 이처럼 어떤 일을 이루지 못하게 뒤집어 버리는 것을 두고 '산통 깨다'고 하게 되었다.

요즘 나라 안팎에서 산통 깨는 사람들을 종종 본다. 뜬금없이 침략 전쟁을 일으켜 서방과 대립하며 국제 정세를 어둡게 만든 러시아 대통령이 그럴 것이다. 남북의 평화 공존을 갈망하는 우리 정부로서는 미사일을 쏘아대며 핵 무장에 여념이 없는 북한의 지도자가 그럴 것이고, 입시 사교육 폐해를 줄이고자 노력하고 있는 일선 중등 교사들에게는 사교육을 부추기는 교육부의 일관성 없는 교육 정책이 또한 그럴 것이다.

하지만 산통을 깨는 일이 모두 그릇된 판단이라고만 여길 일은 아니다. 사람은 누구나 자신의 행복을 추구할 권리가 있으며, 산통 안의 산가지가 이를 부정한다면 산통을 깨뜨려서라도 행복권을 지키고자 할 것이다. 그것처럼 국가나 사회도 그 구성원을 안전하게 지키고자 산가지가 가리키는 운명을 거슬러 외부의 힘에 맞설 수 있다. 다만, 나의 행복을 위해 다른 사람의 삶을 무시하거나, 자국의 체면과 이익을 위해 다른 나라의 권위를 짓밟는 파렴치함만은 경계할 일이다.

서리에 대하여

상강을 지나 시월 하순으로 접어들면 건물 밖 주차장에 세워 놓은 차량 지붕 위에 서리가 하얗게 내려앉기 시작한다. '서리'를 국어사전에서 찾아보면 그 풀이가 아주 구체적이고 생생하다. "하늘이 맑고 바람이 없는 밤, 기온이 영하로 낮아질 때, 공중의 수증기가 땅위의 물건 겉에 닿아서 엉긴 흰 가루"(『우리말 큰사전』). 좀 장황하지만 서리를 무척 공들여 설명하고 있다.

우리말 '서리'는 이 밖에도 두 가지 뜻이 더 있는데, 그 하나가 "떼를 지어서 주인 모르게 훔쳐다 먹는 장난"이다. 예전에는 주로 마을 아이들이 서리를 저질렀고, 주인도 이에 대해 무척 관대했다. 그러나 지금은 서리도 절도죄로 처벌 받게 되었으니, 국어사전에서도 '장난'을 '범죄'로 고쳐야 할 듯하다. '서리'는 또, "많이 모여 있는 무더기"를 뜻하는 말로도 쓰인다. 예를 들어, 겨우내 군불을 지피기 위해 나무를 높게 쌓아놓은 것을 '나무 서리'라 하고, 읍내 장날에 약장수 주변에 사람들이 많이 모여 있는 모습을 '사람 서리'라고 말할 수 있다.

　　서정주 시인의 작품 〈국화 옆에서〉 가운데, "노오란 네 꽃잎이 피려고 / 간밤엔 무서리가 저리 내리고"란 시구가 있다. 이때의 '무서리'란 늦가을에 처음 내리는 묽은 서리를 뜻하는 우리말이다. 이와 반대로, 늦가을에 아주 되게 내리는 서리를 '된서리'라 한다. 흔히 심한 타격을 입었을 때 "된서리를 맞는다."라고 비유해서 쓰인다.

소리와 형태가 다른 말들

　우리는 어떤 일을 이루기 위해서 몹시 애를 쓸 때 "[안깐힘]을 쓴다."라 하기도 하고 "[안간힘]을 쓴다."라고 말하기도 한다. 그러다 보니 글자로 적을 때 어떤 것이 맞는지 헷갈리게 된다. 이 말은 '안간힘' 으로 적고, 말할 때는 [안깐힘]으로 발음하는 것이 표준 발음이었다. 그러다 2017년에 국립국어원 『표준국어대사전』 온라인 판에서 [안간 힘]도 표준 발음으로 허용하였다. 하지만 "[대깨를 바란다.", "[시깨가 얼마입니까?" 하는 말들은 '대가', '시가'라고 적고 [대깨, [시깨로 발음 한다. 소리와 형태가 다른 말들인 것이다.

　[안스럽대와 [안쓰럽대도 글자로 적을 때와 발음할 때 자주 틀리 는 경우다. 이 말은 자기보다 약한 사람이 괴로운 처지에 있어서 보기 에 딱하고 안타깝다는 뜻이다. 앞의 [안깐힘]은 표기와 발음이 다른 경우였지만, 이 말은 발음도 [안쓰럽대이고 글자로 적을 때에도 '안쓰

럽다'로 적어야 한다. "아내의 거친 손을 보니 안쓰러운 마음이 든다."
와 같이 말한다. 그러니까 이 말은 '안스럽다'로 적는 것도 바른 표기가
아니고, [안스럽다]로 말하는 것도 표준말이 아니다.

　　한편, 표기나 발음이 모두 예사소리인데도 흔히들 된소리로 잘못
발음하는 예도 있다. 대표적인 것이 '땅거미'라는 말이다. 해가 진 뒤부
터 컴컴하기 전까지의 어둑어둑한 때를 흔히 [땅꺼미]라고 말하고 있
는데, 이것은 잘못된 발음이다. 이 말은 글자로 적을 때에나 발음할
때 모두 '땅거미'로 쓰고 [땅거미]로 소리 내야 한다. '땅거미'를 [땅꺼미]
라고 발음하면 땅속에 집을 짓고 사는 거미를 가리키는 말이 된다.
곧 발음을 [땅꺼미]라 하면 동물을 말하고 [땅거미]라 하면 시간을 말한
다고 할 수 있다.

송년 모임에 관한 말

송년 모임을 예전에는 '망년회'라고 말해 왔는데 일본에서 쓰는 한자말이다. '망년'이란 말은 일본의 세시 풍속을 가리키는 말이다. 이 사실이 널리 알려진 뒤로는 흔히 '송년회'라고 고쳐 부르고 있다. 일본에서는 '망년회'라고 하여, 섣달그믐 무렵에 친지들끼리 모여 먹고 마시는 풍속을 지금도 가지고 있다. 그러나 우리는 묵은해를 보내고 새해를 맞이하는 자리를 갖는 것이므로, '송구영신'에서 따온 '송년'이 란 말을 쓰는 것이 알맞은 표현이라고 할 수 있다.

송년 모임에서 여럿이 술자리에 둘러앉아 술을 마실 때, 빠지지 않는 것이 있다. 바로 다 같이 잔을 높이 들어 부닥뜨리는 행위이다. 이럴 때 함께 외치는 구호로 가장 자주 사용되는 말이 "건배!"이다. "건배"는 마를 건(乾) 자와 잔 배(杯) 자로 이루어진 한자말로서, '잔을 말리다' 또는 '잔을 다 비우다'는 뜻을 지니고 있다. 그러니까 "건배!"라는 구호는, '잔을 말리자', '잔을 다 비우자'고 외치는 것이다. 흔히 말하는 '원샷'이 바로 이 경우이다. 이것은 주량이 세지 못한 사람에게는 큰 부담이 아닐 수 없다. 실제로 "건배!"를 외치고도 잔을 다 비우지 않고 내려놓는 경우도 많다. 그렇다면, 이때에는 "건배!"라는 구호가 사실상 어울리지 않게 된다.

그래서 어떤 이들은 '건배' 대신에 "위하여!"라고 하거나 "지화자!"라고 외친다. '지화자'는 예부터 흥을 돋울 때에 외치는 소리이므로, 송년 모임에 아주 알맞은 말이다. 축하할 만한 일이 있거나 경사스러운 날에 갖는 술자리에서는 '건배'보다는 "축배!" 또는 "축배를 듭시다."라고 외치는 것이 좋고, 송년 모임과 같이 여럿이 모여 흥겨운 시간을 갖고자 하는 자리에서는 "지화자!" 또는 흥을 돋우는 우리말 "아리아리!"를 외치면 어떨까 생각해 본다.

쇠고기 신고바치

우리말에는 어떤 말 뒤에 붙어서 그 직업을 나타내는 뒷가지가 여럿 있다. 주로 서민들의 생계를 위한 직업에 이러한 우리말 뒷가지가 붙어 쓰였는데, 대표적인 것들이 '꾼'과 '바치'와 '장이'라는 말들이다. 이들 가운데 '꾼'은 직업을 말하는 경우 외에도, 어떤 일을 습관적으로 하는 사람, 예를 들면 "노름꾼", "주정꾼", "살림꾼" 등을 두루 일컫기 때문에, 직업에만 쓰일 수 있는 것은 '바치'와 '장이'가 대표적이라 할 수 있다. 그런데, '바치'란 말이 좀 낯설다.

'바치'는 가죽신을 만드는 사람을 가리키는 "갖바치"로만 흔히 알려져 있지만, 사실은 우리말에서 널리 쓰이던 뒷가지이다. 요즘엔 코미디언이나 개그맨이라 하지만, 예전엔 희극배우를 "노릇바치"라고 했고, 요즘의 연예인과 같은 광대나 재인을 일컫던 말은 "놀음바치"이다. 또 정원사를 "동산바치"라고 했는데, 이러한 말들은 오늘날 살려 쓰기에도 충분한 말들이다.

'바치'의 쓰임새는 생각보다 다양하다. 보상금을 노리는 전문 신고자들을 "파파라치"라고 하는데, 이 말을 국립국어원에서 우리말 "신고바치"로 순화하였다. '신고하는 일을 직업으로 하는 사람'이라는 뜻이다. 쇠고기 원산지를 속여 파는 업소를 신고하여 보상금을 받는 사람들을 "쇠파라치"라고 하는데, '신고바치'를 응용하면 '쇠파라치'는 "쇠고기 신고바치"로 다듬어 쓸 수 있다.

쑥되고 말았다

발음이 잘못 알려져 쓰이고 있는 낱말 가운데, '쑥맥'이란 말이 있다. '어리석고 못난 사람'을 가리켜 '쑥맥 같다'고 한다. 이렇게 발음하다보니 풀이름인 '쑥'을 떠올리게 되는데, 이때에는 쑥이 아니라 콩을 뜻하는 한자말 '숙'(菽) 자를 쓴다. '숙'이 '쑥'으로 발음되고 있는 것이다. 또 '맥'은 '보리 맥'(麥) 자이므로, 이 낱말은 '쑥맥'이 아니라 '숙맥'이다.

'숙맥'은 '콩과 보리'를 가리킨다. 본디 '숙맥불변'(菽麥不辨)이라는 한자 숙어에서 비롯된 말인데, 우리말로 풀면 '콩인지 보리인지를 구별하지 못한다'는 뜻이다. 생김새가 아주 다른 콩과 보리조차 구별하지 못할 만큼 분별력이 무딘 사람을 '숙맥'으로 부르게 된 것이다. 요즘에는 그저 세상 물정을 잘 모르는 사람을 숙맥이라 한다.

이와 비슷하게, 너무 순진하거나 어리석은 사람을 가리켜 '쑥'이라고도 하는데, 이때에는 한자말 '숙'(菽)과는 전혀 다른 우리말이 된다. 여기에 '되다'를 붙여 '쑥되다'라고 하면, "3월에는 눈이 안 올 거라고 큰소리치는 중에 눈이 왔으니, 그만 쑥되고 말았다."처럼, '우습게 되다'는 뜻으로 쓰이는 동사가 된다.

아내에 대하여

　'아내'에는 우리 선조들의 남성 중심적 사고가 묻어 있다. 본디 '안해'라고 하다가 소리 나는 대로 '아내'로 굳어진 말인데, '안'은 집안 일을 돌보기 때문에 붙인 말이고, '해'는 '것'을 뜻하는 우리말로 소유를 나타낸다. 집안일을 돌보는, 남자의 소유물이라는 뜻으로 만들어졌다고 생각된다. 그러나 옛날에도 요즘과 마찬가지로 부부의 나이가 중년을 넘어서게 되면 집안에서 아내의 위치가 올라가게 되었다. 그래서 '여편네'나 '아내'라는 말이 '마누라'로 달라지게 된다. '마누라'는 원래 높이는 말이었기 때문에, 나이가 지긋한 아내를 다정하게 부를 때 쓰는 호칭어로 사용되어 왔다.

　그러다가 현대에 와서는 '아내'나 '마누라'의 쓰임이 완전히 달라졌다. '안해'가 '아내'로 적히면서 '아내'라는 말에는 더 이상 여성 비하의 뜻이 남아 있지 않다. 그리고 '마누라'는 이제 오히려 아내를 속되게 이르는 말로 변하게 되었다. 물론 나이가 지긋한 자기 아내를 '마누라'라고 직접 부르는 것은 별 문제될 것이 없지만, 남에게 자기 아내를 가리켜 '마누라'라고 하는 것은 바람직하지 않게 되었다.

요즘 젊은 세대에서는 아내를 직접 부를 때 흔히 '자기야' 하는 부름말을 사용한다. 표준 화법에는 아내를 직접 부를 때 '여보'라는 호칭을 권장하고 있고, 또 현실적으로도 가장 보편적인 말이다. 그러나 연인이나 젊은 부부가 많이 사용하는 '자기'라는 말도 비록 표준 화법에는 없지만, 상대를 자신의 몸처럼 여긴다는 뜻을 담고 있는 좋은 부름말이기 때문에 굳이 쓰지 말자고 할 까닭이 없다고 생각한다.

아름다운 바라지

　"어버이가 그 자식을 뒷바라지하는 데에는 조건도 한계도 없다."
라는 문장에서 '뒷바라지'라는 말은 "뒤에서 바라지하다"는 뜻이다.
'바라지'는 음식이나 옷을 대어 주거나 온갖 것을 돌보아 주는 일을
가리키는 말이다. 곧 '바라지하다'라고 하면 "온갖 일을 돌보아 주다"는
뜻이니, 이는 우리 삶의 가치를 높이는 참 아름다운 우리말이라는
생각이 든다.

　바라지는 비단 어버이가 그 자식에게만 하는 것이 아니다. 본디
'바라지'는 방에 햇빛을 들게 하려고 벽의 위쪽에 낸 작은 창을 이르는
우리말이다. 이 창을 통해 들어오는 한 줄기 햇빛처럼, 도움의 손길을
필요로 하는 사람들에게 손을 내밀어서 따뜻함과 위안을 건네주는
것이 '바라지'인 것이다. 감옥에 갇힌 죄수에게 바라지하는 일을 '옥바
라지'라 하고, 아기 낳는 일을 도와주는 일을 '해산바라지'라 한다. 또,

들일을 하는 사람에게 음식을 만들어 가져다주는 일은 '들바라지'이다. 마찬가지로 술을 대접할 때 옆에서 안주를 장만하여 대주는 일 또한 '안주바라지'라 할 수 있다.

　바라지와 비슷한 말 가운데 '치다꺼리'가 있다. 흔히 "네 녀석 치다꺼리하느라 이렇게 늙어버렸다."처럼 말하는 것을 들을 수 있다. '치다꺼리'는 일을 치러 내는 일인데, '입치다꺼리'라 하면 "먹는 일을 뒷바라지하는 것"을 좀 낮추어 이르는 말이다. "일곱 자식 입치다꺼리에 손에 물 마를 날이 없었다."와 같이 쓴다.

안갚음하러 귀향합니다

"안갚음하러 귀향합니다." 언뜻 들어 무슨 뜻인지 알기 어렵다. 빚을 갚지 않기 위해 귀향한다는 걸까? (그렇다면 문장이 잘못 되었다.) 고향의 누군가에게 복수를 하기 위해 귀향한다는 걸까? (이때에는 낱말의 철자가 틀렸다.)

'앙갚음'이란 말은 우리에게 익숙하다. "남이 자기에게 끼친 만큼 자기도 그에게 해를 입힌다."는 뜻의 말이다. 한자말로 하면 '복수'이다. 가령 "그가 나를 불행에 빠뜨렸으니, 나도 앙갚음을 할 거야."처럼 쓰이는 말이다.

그런데 우리말에 앙갚음과 발음이 무척 비슷한 '안갚음'이라는 낱말이 있다. 빚을 갚지 않는다는 '안 갚음'이 아니라, 어버이의 은혜를 갚는다는 참한 뜻을 가진 아름다운 우리말이다. 곧 "안갚음하러 귀향합니다."는 부모님을 봉양하겠다는 갸륵한 마음으로 귀향한다는 말이다. 어찌 된 일인지 요즘 시대의 우리에게는 순우리말이 되레 낯설다.

400년 전 중국 명나라의 이시진이라는 사람이 지은 『본초강목』이란 책이 있다. 한방에서 약재나 약학을 연구하는 부문을 다룬 의학서이다. 여기에 '반포'라는 말이 나오는데, 이 말은 "까마귀가 처음 나서 어미가 60일 동안 먹이를 물어다가 새끼를 먹여 살리고, 새끼가 자라면 그 새끼가 다시 먹이를 물어다가 어미를 60일 동안 먹여 살린다."는 말이다. 이 '반포'에 들어맞는 우리말이 '안갚음'이다. 그래서 '안갚음'은 "자식이 자라서 부모를 봉양하는 일"을 가리키는 말로 쓰이게 되었다.

알나리깔나리

　'알나리깔나리'는 아이들이 동무를 놀리는 놀림말인데 '얼레리꼴레리'로 더 많이 알려져 있다. 어릴 때 냇가에서 헤엄치다가 속옷이 물살에 벗겨지자 동무들이 둘러싸고 "얼레리꼴레리~, 고추 봤대요~." 하고 놀렸던 기억이 난다. 창피했지만 마음을 다치지는 않았다. 이처럼 우리의 전통적인 놀림말은 놀이의 성격을 띤 채 시대에 따라 지역에 따라 그 나름대로의 독특함으로 우리말을 맛깔스럽게 만드는 데에 한몫을 해왔다.

　울산지방에서 구전돼 내려오는 놀림말 가운데 "달았다, 달았다, 황소부지깽이가 달았다."가 있다. 아주 화가 많이 나 있는 상대방의 화를 자꾸 돋우는 놀림말이다. "불난 집에 부채질한다."가 직설적인 데 반해, 재미있는 비유로 유희적인 맛을 보태준다. 그리고 경남 고성에서는 "언니빵이 덧니빵이 우물가에 가지 마라, 두레꼭지 떼깍 하면 붕어 새끼 놀라난다."라는 놀림말이 전해진다. 우리말의 맛깔스런 매력을 보여주는 대표적인 표현이다.

요즘 주위에서 보면, 상대의 실수나 실언에 대해 창피함을 주는 선을 넘어서서 혐오스런 비속어로 망신을 주는 모습이 자주 눈에 뜨인다. 국민의 대표 기관인 국회 또한 안타깝지만 예외가 아니어서, 가벼운 놀림말에조차 증오심과 저주가 담겨 표현되기 일쑤이다. 어쩌면 우리 사회에서 참다운 의미의 놀림말은 거의 없어지고 비속어나 욕설만 남아 있는 게 아닐까? 상대가 원망스러울 때에 우리 선조들이 남겨준 놀림말이나 그 비슷한 말들을 되살려 쓴다면 우리 사회는 한층 건강해지리라 생각된다.

야단법석

'야단법석'이란 말이 있다. 이 말은 본디 "야외에서 크게 베푸는 설법의 자리"라는 뜻을 지닌 불교 용어라고 한다. '야단'은 '야외 강단'의 준말이고 '법석'은 '설법의 자리'라는 뜻이다. 이 말이 우리 생활 속에 들어와서, "많은 사람이 모여들어 떠들썩하고 부산스럽게 구는 것"을 나타내는 말로 쓰이고 있는 것이다.

'야단법석'이 널리 쓰이다 보니까 '난리 법석'이라든지 '요란 법석'이란 말들이 생겨났다. 야외 강단인 '야단' 자리에 "소란하고 질서가 없는 상태"를 나타내는 '난리'를 바꿔 넣어서 '난리 법석'이라 하고, "시끄럽고 떠들썩하다"는 우리말 '요란'을 넣어서 '요란 법석'이라 쓰고 있다. 이 말들은 모두 "떠들썩하고 부산스럽게 구는 모양"을 표현하는 말들이다. 다만, '야단법석'은 사전 올림말인 데 비해, '난리 법석'과 '요란 법석'은 아직 한 낱말로 굳어진 것이 아니기 때문에 '난리'와

'법석', '요란'과 '법석'을 모두 띄어 써야 한다는 것이 다른 점이다.

'야단법석'처럼 '아귀다툼'이라든지 '아비규환' 같은 말들도 모두 불교 용어에서 비롯된 말들이다. 불교에서는 "계율을 어기거나 탐욕을 부려 아귀도에 떨어진 귀신"을 '아귀'라고 하는데, 굶주린 아귀들이 먹을 것을 두고 다투는 모습을 빗대어 '아귀다툼'이라 표현한다. 또 불교에서 말하는 '아비지옥'과 '규환지옥'을 합하여 '아비규환'이라고 하면 "여러 사람이 비참한 지경에 빠져 울부짖는 참상"을 비유하는 말로 쓰이고 있다.

억장이 무너진다

'억장이 무너진다'는 말은 흔히 "극심한 슬픔이나 절망 따위로 몹시 가슴이 아프고 괴롭다."는 뜻의 관용구로 쓰인다. 그러다 보니, 이 '억장이 무너진다'는 말의 뜻을 '가슴이 무너진다' 정도로만 알고 있는 사람들이 많다. 주로 자기 가슴을 쾅쾅 치면서 억장이 무너지고 천지가 캄캄하다고 표현하기 때문에 그렇게 생각할 수도 있다.

하지만 이 말의 본디 뜻은 따로 있다. 오랫동안 공들여서 해 온 일이 아무 소용없이 돼 버려서 몹시 허무한 심정을 나타내는 우리말이 '억장이 무너진다'이다. 그래서 우리 할아버지들은 극심한 허탈감에 빠질 경우에 "억장이 무너진 것 같다."고 말해 왔다. 이것은 슬픔이나 절망과는 다르지만, 가슴 아프고 괴롭기는 마찬가지이다.

'억장'은 '억장지성'이란 한자말의 준말로 억 장 높이의 성을 뜻한다. 여기서의 '억'은 숫자 단위로 쓰이는 만의 만 배인 '억'이고, '장'은

길이를 재는 단위이다. 대개 1장은 열 자 정도를 말하는데, 한 자가 30센티미터 가량 되니까, 1장의 길이는 3미터 정도 된다고 할 수 있다. 그러니 억 장은 3미터의 1억 배가 된다. 따라서 '억장이 무너진다'고 하면 억 장이나 되는 높은 성이 무너질 정도의 엄청난 일이란 뜻이니, 사소한 일에 함부로 쓰는 말이 아님을 알 수 있다. 그런데 요즘 우리는 이 표현마저도 부족할 만큼 아프고 괴롭다. 이 아픔은 과연 치유될 수 있을까?

업

직업을 흔히 '업'(業)으로 줄여 쓴다. "요즘 무슨 직업에 종사하나?"와 "요즘 무슨 업에 종사하나?"는 어감의 차이가 별로 없다. 하지만 "아버지는 한평생 농사일을 직업으로 삼고 살아오셨다."보다는 "아버지는 한평생 농사일을 업으로 삼고 살아오셨다."가 왠지 자연스럽게 들린다. 직업이 과업으로 슬쩍 넘어가는 단계이다. 나아가 "자주국방은 우리나라의 과제이며 업이다."를 "자주국방은 우리나라의 과제이며 직업이다."로 바꾸면 완전한 비문이 된다. 이때의 '업'은 직업이 아니라 '부여된 과업'이란 뜻을 지니기 때문이다.

그런가 하면, 불교에서는 '업'(業)을 선과 악을 부르는 소행으로 가르친다. 사전에서는 "미래에 선악의 결과를 가져오는 원인이 된다고 하는, 몸과 입과 뜻으로 짓는 선악의 소행."(『우리말 큰사전』)으로 풀이해 놓았다. 그래서 '업'과 그 응보를 아울러 '업보'라고 한다.

그런데 순우리말 가운데도 '업'이 있다. "한 집안의 살림을 보호하거나 보살펴 준다고 하는 동물이나 사람"을 가리키는 말이다. 그 집에서 '업'이 나가면 집안이 망한다고 한다. 이 '업'이 동물이면 '업구렁이, 업두꺼비, 업족제비'처럼 말하고, '업'이 사람이면 '업둥이'라고 한다. '업둥이'는 집안에 복을 몰고 들어온 아이라는 좋은 뜻을 지닌 말이다. 그래서 옛날에는 '업둥이'를 '우연히 얻은 복덩어리'라는 뜻으로 '얻은 복이'라고 부르기도 했다. '업'은 '업다'와 아무 관계가 없으니, '업둥이'는 '업어다 버린 아이'가 아니다.

'오'가 '우'로 바뀐 말들

우리말에는 특정한 음운 환경에서 '오'가 '우'로 변화한 낱말들이 상당수 있다. 가령, '복숭아 도(桃)' 자를 써서 '호도', '자도'로 불리던 말들이 '호두', '자두'로 변한 것이라든가, '풀 초(草)' 자를 써서 '고초'라 했던 것을 '고추'라고 하는 것이 그러한 경우이다. '호도과자'는 '호두과자'로 써야 바른 말이 되고, '단초하다'는 '단출하다'로 바뀌었다. 이러한 모음 변화 현상은 지금도 계속되고 있다. 1988년 어문 규범을 정비할 때에, '깡총깡총'을 '깡충깡충'으로, 또 '쌍동이, 귀염동이, 막동이' 같은 말들을 '쌍둥이, 귀염둥이, 막둥이'로 표준말을 정하였다. '오뚝이'도 '오뚝이'로 써야 표준말이 된다. 모두 '오'가 '우'로 변천해 온 우리말의 특성이 반영된 것이다.

'오' 모음 외에 '이' 모음이 '우'로 변화한 경우도 더러 눈에 띈다. '상치'가 '상추'로 자리잡은 것이라든가, '미싯가루'의 표준말이 '미숫가루'로 정해진 것들이 그러한 사례이다. 명사뿐만 아니라 동사에서도 '지리하다'가 '지루하다'로 변한 것처럼 비슷한 예들이 보인다. 그렇다고 둘째음절 이하의 '오'와 '이'가 모두 '우'로 변한 것은 아니다. 예를 들어, '부조금'은 많은 사람들이 '부주금'으로 발음하고 있어서 역시 '오'가 '우'로 바뀐 듯하지만 표준말은 여전히 '부조금'이다. '사둔'이나 '삼춘'도 본래의 형태대로 '사돈', '삼촌'이 바른 말이다. 그런가 하면, "부부간에 금슬이 좋다."고 할 때에는 '금슬'을 '금실'로, 오히려 '이' 모음으로 써야 표준말이다. 이런 점들을 잘 살펴서 말글살이를 한다면 혼동을 크게 줄일 수 있다.

오금을 못 펴는 사람들

무슨 일에 몹시 두려워서 꼼짝 못 할 때 "오금을 못 편다."고 한다. 오금은 무릎 뒷부분을 따로 일컫는 말이다. 곧 무릎을 구부릴 때 그 안쪽을 '오금'이라고 한다. 그래서 오금을 못 편다고 하면, 무릎을 구부렸다가 다시 펴지 못한다는 뜻이 되는 것이다.

돈벌이에 눈이 멀어 사람의 목숨조차 가벼이 해 온 어른들 모두 종아리를 맞아야 한다. 흔히 "종아리 때린다."고 할 때에, 우리는 그 종아리가 무릎 아래 다리 뒤쪽을 가리킨다고 알고 있다. 그런데 종아리는 무릎 아래 다리 전체를 가리키는 말이고, 종아리 뒤쪽의 살이 볼록한 부분은 따로 '장딴지'라 한다. 그래서 종아리는 '굵다', '가늘다'로 말하고, 장딴지는 '불룩하다', '홀쭉하다'로 말한다. 그러니까 종아리를 때린다는 것은 결국 장딴지를 때린다는 뜻이다.

그러면 무릎 아래 다리의 앞쪽, 곧 종아리의 앞부분은 무엇이라고 할까? 그곳이 바로 '정강이'이다. 예전에는 군대 생활의 괴로움 가운데 하나가 상관이나 선임에게 군홧발로 정강이를 걷어채는 것이다. "정강이를 걷어찼다."고 하면, 무릎 아랫부분을 앞쪽에서 걷어찼다는 뜻이 된다. 어쩐지 종아리 맞는 것은 교육적 체벌로 느껴지지만, 정강이 걷어채는 것은 폭력으로 비춰진다. 아마도 몸으로 느끼는 고통의 차이 때문이리라.

옥에 티

신문이나 방송에서 자주 보고 듣는 말 가운데, '옥에 티'란 말이 있다. 이 말을 쓸 때에 많은 사람들이 '옥에 티'와 '옥의 티' 가운데 어느 것이 바른 말인지 궁금해 한다. 그러면서도 실제 쓸 때에는 아무래도 귀에 익숙하고 발음하기도 편한 '옥에 티'를 선택한다. 그렇다면 '옥에 티'는 어법에 맞는 표현일까?

'어디에 무엇이 있다'는 식으로 표현할 때에는 '옥에 티가 있다'라고 하면 된다. 그런데 '이것은 무엇이다'는 식으로 말할 때에는 '이것은 옥에 티다', '이것은 옥의 티다' 가운데 어느 것을 써야 할지 망설여진다. 현재 국어사전에는 '옥에티'나 '옥의티'란 말이 한 낱말로 실려 있지 않다. 그러므로 '옥에'와 '티', '옥의'와 '티'는 띄어 써야 하며, 따라서 이 말은 하나의 낱말이 아니라 명사구로 보아야 할 것이다. 만일 '옥에 티'가 명사구라면 '옥에 있는 티'가 줄어든 것으로 보아야 하는데, 이런 식으로 말을 줄여 쓰는 것은 자연스럽지 않다. 명사구로 본다면 '나의 소원'처럼 '옥의 티'라고 해야 어법에 맞는 표현이 된다. 곧 '옥에 티가 있다', '이것은 옥의 티다'처럼 '에'와 '의'를 구별하여 말하는 것이 바람직할 것으로 생각된다.

우리 동요 가운데 〈고향의 봄〉 첫 소절은 "나의 살던 고향은"으로 시작된다. 이 경우는 '나의 소원', '옥의 티'와는 다르다. '나의 고향'은 옳지만 '나의 살던 고향'은 어법에 맞지 않다. 이 구절은 "내가 살던 고향은"으로 바로잡아야 비로소 올바로 선 우리말이 된다. 아이들이 꿈을 키워 나가는 동요 가사에서부터 우리말이 비뚤어진다면 큰 문제가 아닐 수 없다.

우리말 날짜 헤아리기

우리는 흔히 '금요일'을 '금요일날'로 말하거나 '8일'을 '8일날'로, '30일'을 '30일날'로 말하는 버릇을 가지고 있다. 그저 '금요일'이나 '30일'이라 하면 되는 것을 왜 '금요일날', '30일날'로 말하는 버릇을 갖게 되었을까? 이는 우리의 전통적인 날짜 가리킴말에서 옮아 온 것이다. 비록 한자말 '일일, 이일, 삼일, …'에 밀려나긴 했지만, 우리 선조들은 '초하루, 초이틀, 초사흘, …'이라 말했다. 이를 달리, '초하룻날, 초이튿날, 초사흗날, …'이라 말하기도 했는데, 바로 이 때문에 '일일, 이일, 삼일'이라 말할 때에도 '일일날, 이일날, 삼일날'로 잘못 말하게 된 것이다.

아직까지 우리는 날짜를 상대적으로 가리킬 때에는 '오늘, 내일, 모레, 글피, 그글피, 어제, 그제, 긋그제, …'와 같이 고유어를 지켜서 쓰고 있지만, 절대적 가리킴말에서는 고유어들이 차츰 힘을 잃어 가고 한자말들이 거의 굳어져 가고 있다. 예전에는 '초하룻날, 초이틀날, 열하룻날, 열이틀날'처럼 말했었지만, 지금은 흔히 '일일, 이일, 십일일, 십이일'처럼 말하고 있다. 그런데, 우리말 날짜 세기에서, '일일'(1일)부터 '이십구일'(29일)까지는 '초하루, 초이틀, …, 스무아흐레'처럼 말하지만, '삼십일'(30일)은 '서른날'이 아니라 '그믐날'이라 한다. 또한, 1일부터 9일까지의 우리말은 '하루, 이틀, 사흘, …, 아흐레'가 아니라, '초하루, 초이틀, 초사흘, …, 초아흐레'라는 것도 유의해야 한다.

흔히 이삿날을 택할 때, '손 없는 날'을 가려서 정한다. '손 없는 날'은 음력으로 날짜를 셀 때, 아흐레와 열흘이 들어간 날(9, 10, 19, 20, 29, 30일)을 가리킨다. 이때의 '손'은 날수를 따라 네 방위로 돌아다니면서 사람의 활동을 방해한다는 귀신이다. 또, 음력으로 한 해의 열한 번째 달을 '동짓달', 한 해의 마지막 달을 '섣달'이라고 한다. 정월 초하룻날을 '설날'이라고 하는데, 이는 '설+날'이 변한 말이다. 전통적인 우리말 날짜 세기로 '섣달그믐날'이라고 하면, 음력 12월 30일을 가리킨다. 한 해의 마지막 달을 '섣달'이라 하고, 30일은 '그믐날'이라 한다. 우리 선조는 이처럼 음력으로 그 해의 12월 말일을 '섣달그믐'으로 불러 왔다. 그러니까 섣달그믐날의 바로 다음날이 정월 초하루이고, 이 날이 음력 설날이다.

유월은 육회보다 육젓

    사람이 먹는 고기 중에 가장 으뜸으로 꼽는 것이 예나 지금이나 쇠고기라 할 수 있다. 그래서 예전에는 한자말 고기 육(肉) 자가 붙어 있으면 대개 쇠고기를 가리키는 것이었다. 간장에 쇠고기를 넣고 조린 반찬을 '육조림'이라 하고, 쇠고기를 다져서 중탕하여 짜낸 국물은 '육즙'이고, 또 쇠고기를 잘게 썰어 양념해서 그냥 먹는 '육회'도 있다. 그러니까, 육조림이니, 육즙이니, 육회라고 하면 모두 쇠고기를 재료로 한 것이다.

    이에 비해서 다른 고기로 만든 음식에는 동물의 명칭을 그대로 썼다. 예를 들면, 제육볶음이란 음식이 있는데, 이 음식의 재료는 돼지고기이다. 그래서 돼지 저(猪) 자와 고기 육(肉) 자를 붙여 '저육볶음'이라 부르다가, 이 소리가 오늘날 '제육볶음'으로 변한 것이다. 이때의 '제'를 모두 제(諸) 자인 줄 알고 '여러 고기를 볶은 요리'라고 생각한다면 큰 오해이다.

그런데 앞에 '육' 자가 붙은 음식이라고 해서 모두 쇠고기를 재료로 한 것은 아니다. 젓갈 중에 '육젓'이 있는데, 이때의 '육'은 '고기 육' 자가 아니라 '여섯 육' 자이다. 유월에 잡히는 새우로 담근 젓을 '육젓'이라고 부르고 있는 것이다. 육회와 육젓의 가장 큰 차이는 날고기냐 젓갈이냐가 아니라, 그 재료가 쇠고기냐 새우냐에 있다. 유월의 별미는 육회보다 육젓이다.

장을 지지다

　우리 속담 가운데 '장을 지지다'는 말이 있다. 자기가 주장하는 것이 틀림없다고 장담할 때 '장을 지지다'라는 표현을 쓴다. 이 속담이 어떤 의미에서 생긴 말인지에 대해서는 여러 의견들이 있다. 이때의 '장'을 '掌'(손바닥 장)으로 보면 '장을 지지다'는 '손을 지지다'로 해석되고, '장'을 된장이나 간장을 뜻하는 '醬'(젓갈 장)으로 보면 '장을 지지다'는 '장을 끓이다'로 해석되며, '장'을 '章'(글 장)으로 보면 '인장(印章)을 지지다'로 이해된다.

　그런데 이 속담은 그냥 '장을 지지다'로만 전해지지 않고 "손에 장을 지지겠다.", "손바닥에 장을 지지겠다."처럼 구전되어 쓰이고 있다. 그렇다면 손이나 손바닥을 중복해 쓴 '掌'보다 '醬' 또는 '章'으로 보는 편이 더 자연스럽다. '醬'으로 본다면 "손바닥에 장을 지지겠다."라는 표현은 '손바닥에 된장이나 간장을 분 다음 손바닥 밑에 불을

대어 끓이다'는 의미로 해석할 수 있다. 이와 달리, '䰞'으로 본다면
"손바닥에 장을 지지겠다."라는 표현은 '인장을 불에 뜨겁게 달궈서
손바닥에 지지다'로 풀이된다.

　　이 속담은 자기가 장담한 내용이 맞지 않으면 바로 그러한 큰
고통을 기꺼이 감수하겠다는 의지를 담고 있다. 어마어마한 고통을
감수한다는 뜻에서 '醬'과 '䰞' 둘 다 꿰어 맞출 수 있다. 실제 조선시대
형벌 가운데 하나로 죄인의 양팔을 벌려서 붙들어 매고 인두 형태의
장(䰞)을 불에 달궈서 그 손바닥에 지지는 것이 있었으니, '䰞'에는
역사적 사실까지 뒷받침된다. 어느 쪽이든 이 속담은 "내 손에 장을
지져라."보다는 "내 손바닥에 장을 지져라."가 바른 표현인 듯하다.

조촐한 자리란?

집에 손님을 맞이할 때, 애써서 갖은 반찬들을 한 상 가득 준비하고도 "차린 건 없지만 많이 잡수세요."라고 겸손해 하는 것이 우리네 문화다. 그런데 이와 비슷한 경우로, 칠순 잔치 등에 청첩장을 보내면서 "조촐한 자리지만 꼭 참석해 주세요."라고 표현하는 경우가 있다. 여기에서는 '조촐하다'란 말을 '변변치 못하다'란 겸양의 표현으로 쓰고 있는 듯하지만, 사실 이 말은 그런 뜻이 아니다.

'조촐하다'란 말은 본디 "아주 아담하고 깨끗하다."란 뜻을 가진 낱말이다. 그러므로 이 말은 자리를 마련한 쪽에서 쓸 말이 아니라, 초대받은 손님이 주인에게 "조촐한 자리를 마련해 주셔서 무척 즐거웠습니다." 하고 칭찬할 때 쓰는 것이 알맞다. "아주 아담하고 깨끗한 자리"에 만족했다는 인사로 건네는 표현이다.

뿐만 아니라, 사람의 모습이나 행동이 깔끔하고 얌전한 것을 나타낼 때에도 '조촐하다'고 할 수 있다. 가령, 요즘처럼 무더운 여름날에, 어머니가 낮잠에 빠진 아기 머리맡에 단정하게 앉아서, 부채로 더위를 쫓아주고 있는 모습을 한마디로 표현해 보라고 한다면, 그게 바로 '조촐한' 모습이라고 할 수 있다.

짐승의 어미와 새끼

요즘에야 '어미'라는 말을 '어미 소', '어미 개'처럼 짐승에도 두루 쓰고 있지만, 옛날에는 사람의 '자식'과 짐승의 '새끼'를 구별해서 썼던 것처럼 '어미'도 사람에게만 썼다. 짐승의 어미는 사람과는 달리 '어이'라고 했다. 그래서 옛날에는 '어이 원숭이와 새끼 원숭이', '어이 돼지와 새끼 돼지'라는 말을 썼다. '어이'는 지금도 우리 국어사전에 "짐승의 어미"라는 뜻으로 올라 있는 표준말이다.

우리말에는 짐승의 새끼를 가리키는 말들이 꽤 발달되어 있다. 대표적인 것이 뒷가지 '아지'를 뒤에 붙여 쓰는 '강아지', '송아지', '망아지' 같은 것들이다. 맨 처음으로 땅 위에 머리를 내민 식물의 싹에도 '아지'를 붙여서 '싹아지'라고 하는데, 강원도나 전라도 지방에서는 이 것을 소리 나는 대로 '싸가지'로 쓰고 있는 것이다. '싸가지'는 '싹수'와 같은 말이다.

그런가 하면 전혀 이름을 달리해서 부르는 경우도 많다. '병아리'가 그렇고, 꿩의 새끼인 '꺼병이'가 그렇다. '꺼병이'는 '꿩'을 뜻하는 '꺼'와 '병아리'를 가리키는 '병이'가 합쳐진 말로서 '꿩의 병아리'를 말한다. 그밖에도 호랑이의 새끼를 '개호주'라 하고, 곰의 새끼는 '능소니'라 부른다. 바닷물고기인 고등어 새끼는 '고도리'라고 하고, 명태 새끼는 '노가리'라고 부른다. 이 가운데 우리 주위에 더 이상 호랑이나 곰이 살고 있지 않기 때문에 '개호주', '능소니' 같은 우리말들은 거의 잊혀가고 있다.

째, 체, 채

요즘에는 사과를 먹을 때 껍질을 벗겨서 먹는 게 일반적이지만, 우리가 어렸을 때에는 사과 껍질을 벗겨서 먹은 기억이 별로 없다. 사과뿐만 아니라 껍질을 먹을 수 있는 과일은 모두 잘 씻어서 "껍질째" 먹고는 했다. 이처럼 '-째'는 '그대로' 또는 '전부'라는 뜻을 더하는 뒷가지이다. 그래서 항상 앞에 나오는 말과 붙여서 쓴다. "낙지를 통째로 삼켰다."는 물론이고, "포도를 씨째 먹었다."라든지, "약초를 뿌리째 캤다.", "국을 냄비째 상에 놓았다." 들에서는 모두 '-째'를 붙여 쓴다.

그런데 이 '-째'와 혼동하여 쓰는 것으로 '체'와 '채'가 있다. 이 세 가지는 종종 잘못 쓰이는데, 일단 '체'와 '채'는 '-째'와는 달리 의존명사라서 앞의 말과 띄어서 써야 한다. 또한 '체'와 '채'도 의미가 다르기 때문에 역시 구별해서 써야 한다. '체'는 '거짓으로 꾸미는 태도나 모양을 나타내는 말로, 주로 '~하는 체하다'의 형태로 많이 쓰인다. 예를 들어, "다 알고도 모르는 체했다."라든지, "일하기 싫어서 아픈 체했다.", "잘난 체하다 망신을 당했다." 같은 말들에서는 모두 '체'로 쓴다.

반면에 '채'는 '이미 있는 상태 그대로'라는 뜻으로 쓰이는 의존명사이다. 주로 '~하는 채', '~하는 채로'의 형태로 많이 쓰이는데, "앉은 채 의식을 잃었다."에서도 '채'로 써야 한다. 그 밖에도 "옷을 입은 채 냇물에 빠졌다.", "토끼를 산 채로 잡았다."라고 할 때에도 모두 '채'가 쓰인다. "잘난 체하고 낙지를 통째로 삼켰다가 앉은 채 의식을 잃었다."라는 문장에서 '체'와 '-째'와 '채'가 각각 어떻게 다르게 쓰이고 있는지 잘 살펴볼 일이다.

쫀쫀한 사람이 필요해!

집을 짓는 일은 빈틈없는 손길이 필요하다. 공공 시설물 또한 공기 타령, 예산 타령으로 설렁설렁 지어서는 안 된다. 세밀하고 쫀쫀해야 한다.

일상생활에서 '쫀쫀하다'라는 말에 익숙하지만 대개 "소갈머리가 좁고, 인색하며 치사하다."는 뜻으로 자주 쓰이는 듯하다. 그래서 방송이나 공식적인 글에서는 이 말을 표준말이 아닐 것으로 생각하고 잘 쓰지 않는 듯도 하다. 그러나 이 말은 '존존하다'의 센말로서 당당한 표준말이다. '존존하다'는 "천을 짤 때, 곱고 올이 고르게 짜놓은 모양"을 뜻하는 말인데, 이 '존존하다'의 센말이 '쫀쫀하다'이다. 그러니까 '쫀쫀하다'고 하면, "천이 빈틈없이 잘 짜진 것"을 나타낸다. 그 때문에 한편으로 "소갈머리가 좁고 인색한 것"을 뜻하기도 하는 것이다.

이제 이 말의 "행동이 세밀하고 빈틈이 없다."는 본디 뜻을 살려 쓰는 데에도 관심을 기울여 보자. 건설업자들은 좀 더 쫀쫀하게 건물을 짓고, 기술자들은 더욱 쫀쫀하게 기술을 습득해야 하겠다. 나라 살림을 맡은 이들은 국민의 세금이 헛되이 낭비되지 않도록 쫀쫀하게 예산을 짜고 올바로 집행해야 한다. 우리 사회는 쫀쫀한 사람이 더욱 많이 필요하다.

차림표를 바르게

음식점 차림표를 보면 잘못된 표기들이 자주 눈에 뜨인다. 가장 흔하게 보이는 것이 김치찌개나 된장찌개에서 '찌개'를 '찌게'로 적어 놓은 차림표이다. '찌개'는 동사 '찌다'(→익히다)의 어간 '찌-'와 뒷가지 '-개'가 합하여 이루어진 것이다. 이를 '찌게'로 잘못 적는 것은 [ㅔ]와 [ㅐ]의 발음 구별이 어려운 탓일 텐데, 차림표 표기 가운데는 이처럼 발음의 혼동으로 잘못 쓴 사례가 많다.

그 가운데 하나가 돼지고기로 만든 요리인 돈가스이다. 흔히 [돈까스]로 발음하고 있지만, 글로 옮길 때에는 '돈가스'라고 적어야 한다. 그러나 음식점 차림표에서는 발음을 그대로 적은 '돈까스'가 자주 보인다. 본디 돼지고기 튀김이라는 뜻의 "포크 커틀릿"(pork cutlet)이 원말인데, 일본에서 이 말을 '돈카스'[豚+kasu(←cutlet)]라고 부르는 것을 우리가 다시 일본에서 수입하여 '돈까스'라고 발음하고 있는 것이다.

'아구찜', '아구탕'도 잘못 된 발음으로 차림표에 적힌 음식이름들이다. '아구'의 표준 발음은 '아귀'이다. '아귀'는 아귓과의 바닷물고기로서, '아구찜', '아구탕'은 '아귀찜', '아귀탕'으로 바로잡아 써야 한다.

　　'달걀'을 굳이 '계란'이라 하는 것은 한자말 쓰기의 오래된 관습 때문이다. 이러한 관습으로 잘못 알려진 음식이름 가운데 '육계장'이 있다. 물론 바른말은 '육개장'이다. '육'(肉)은 쇠고기를 뜻하며 '개장'은 개장국의 준말이다. 개장국은 개고기를 주 재료로 하여 끓여 낸 장국 이다. 따라서 '육-개장'은 '(개고기 대신) 쇠고기를 넣은 개장국'임을 알 수 있다. 이를 '육계장'으로 잘못 쓰는 것은, 첫째는 [ㅐ]와 [ㅖ]의 발음 혼동이고, 둘째는 '개'에서 '계'(鷄) 자를 떠올릴 만큼 굳어진 한자 말 쓰기 관습 탓이다.

채소와 야채

봄에는 입맛을 잃기 쉬운데, 입맛을 돋워 주는 가장 좋은 먹거리가 바로 봄나물이다. '나물'은 사람이 먹을 수 있는 풀이나 나뭇잎, 채소 따위를 가리키는 순우리말이다. 나물 가운데서도 무나 배추처럼 사람이 심어서 가꾸는 나물을 따로 우리말로 '남새'라고 한다. 그리고 사람이 가꾸어서 기르거나 산과 들에 저절로 난 온갖 나물들을 통틀어 이르는 말이 '푸성귀'이다.

봄에 산이나 들에 돋아나는 나물을 모두 봄나물이라 하고, 그 가운데 봄에 사람이 심어서 먹는 여러 가지 남새들을 따로 봄채마라 한다. 냉이, 쑥, 봄동, 달래, 취나물, 두릅, 무, 상추 들과 같은 봄나물 가운데서도 봄동, 무, 상추 들은 봄채마이다. 우리가 '채소'(菜蔬)라고 하는 것은 바로 남새를 가리키는 한자말이다. 아직도 나날살이에 많이 남아 있는 '야채'(野菜; やさい)는 '채소'를 가리키는 일본식 한자말이다.

봄을 맞이하게 되면 사람들의 옷차림도 한결 가벼워지는데, 봄은 특히 젊은이들에게는 옷맵시를 뽐내고 싶어하는 계절이다. 봄철에 알맞게 꾸미는 몸단장을 우리말로 '봄단장'이라 한다. 봄바람이 불면 도시의 거리는 봄단장의 젊은이들로 가득 찬다. 거리의 상가들도 저마다 산뜻한 모습으로 꾸며지는데, 이처럼 거리나 건물이 봄철에 맞게 단장하는 것도 봄단장이라 할 수 있다. 사람과 거리가 모두 봄단장을 마치면 도시에는 '봄기운'이 흐르게 된다. 봄이 오는 기운을 달리 '봄뜻'이라고도 한다.

첫째 주 목요일은?

우리는 어떤 만남이나 모이는 날을 약속할 때에 흔히 '몇째 주무슨 요일'이라는 말을 쓰게 된다. 올해(2024년) 3월 달력을 펴보자. 금요일부터 1일이 시작된다. 자연히 8일은 '둘째 주 금요일'이 될 것이다. 그런데 '첫째 주 목요일'은 7일이다. 이상하지 않은가? '첫째 주' 목요일의 바로 다음날이 '둘째 주' 금요일이라는 사실이……. 3월의 경우, 1일이 금요일이기 때문에 '첫째 주 목요일'은 오지도 않고 지나갔을 수도 있고, 7일이 될 수도 있다. 한 달이 주중에서 시작될 때, 그 주도 그 달의 한 주로 보느냐 그렇지 않으냐에 따라 해석이 달라지기 때문이다.

나날살이에서 '주'라는 말이 정확히 규정되지 않고 사용되고 있으므로, 엄밀히 따지면 어느 쪽의 해석이 맞다 그르다 할 수 없게 된다. 그렇다고 법률 조문에서 규정하는 것이 아닌 이상 어느 한 쪽으로 한다고 강제할 수도 없다. 그러므로 이때에는 '첫째 주' 무슨 요일, '둘째 주' 무슨 요일이란 표현을 바꾸어 보면 어떨까? 이를 그 달의 '첫째' 무슨 요일 또는 '둘째' 무슨 요일로 바꾸면 이러한 혼란이 없어진다. 3월의 첫째 금요일은 1일이다. 그리고 3월의 첫째 목요일은 7일이다. 이처럼 '주'를 빼고 표현하면 날짜가 명확해진다.

퇴임식 인사말

백세 시대에 60세 정년은 아무래도 이른 감이 있다. 정년 후의 남은 삶이 구만리인 까닭이다. 그래서인가, 은사님이 정년퇴직을 하실 때라든가, 잘 아는 어른이 공직이나 회사에서 정년퇴직을 하실 때, 퇴임식에서 어떤 인사말을 해야 할지 아리송해진다. 정년퇴직을 하시는 분이 이제 직장을 잃고 자리를 떠나는 것을 위로해야 하는지, 아니면 정해진 기간을 다 마친 것을 축하해야 하는지, 선뜻 판단이 되지 않는다.

이에 대한 논의를 살펴보니, 중간에 낙오 없이 법적으로 정해진 기간을 근무하고 정년에 이르는 것은 자기 일을 성실하게 끝까지 마친 사람만이 맞이할 수 있는 일이기 때문에 축하의 인사를 해야 한다는 것이 중론이었다. 그래서 정년퇴직을 하시는 어른께 하는 적당한 인사말은 축하의 뜻을 담은 말이 좋다고 한다. 곧 "축하합니다. 그동안

애 많이 쓰셨습니다." 하고 인사를 하면 된다는 뜻이다. 축의금 봉투에는 "그동안의 공적을 기립니다."라고 쓰면 될 듯하다.

　문병을 가서도 무슨 인사말을 해야 할지 망설여진다. 아플 때는 사람의 마음이 약해지고 신경이 날카롭기 때문에 인사말도 잘 가려서 해야 한다. 무엇보다 중요한 것은 마음에서 우러나오는 희망적인 말을 해야 한다는 것이다. 병실에 들어가서 처음 환자를 대할 때에는 "좀 어떠십니까?" 또는 "얼마나 고생이 되십니까?" 하고 정중하게 인사를 하고, 나올 때는 "조리 잘 하십시오.", 또는 "빨리 나으시기 바랍니다." 하고 인사를 한다. 문병을 갈 때에 혹시 위로금을 준다면, 봉투에 "쾌유를 빕니다." 하든가, 기왕이면 쉬운 우리말로 "말끔히 나으시기를 빕니다." 하고 쓰면 더 좋겠다.

ㅍ 받침을 쓰는 말들

오래 전에 텔레비전 방송에서 '무릎팍도사'란 프로그램을 방영한
일이 있다. 무릎의 낮은말로 쓰이는 '무르팍'은 '르' 자 밑에 받침이
없어야 하는데, 이 프로그램 제목인 '무릎팍'에는 '르' 밑에 ㅍ 받침이
있다. 철자가 잘못 되었다고 지적하니, 담당자는 "무릎팍은 '무릎을
팍 치게 하는 족집게 도사'라는 뜻으로 합성한 말이며, 무릎의 속어인
무르팍이 아니다."고 답변하였다. 딴은 그럴 듯도 하다.

'무릎'과 같이 ㅍ 받침을 쓰는 낱말 가운데 '섶'이라는 말이 있다.
고추나 오이 모종을 심을 때 그 옆에 모종 줄기가 쓰러지지 않도록
지지해 주는 막대기를 꽂아주는데, 이때의 막대기를 섶이라고 한다.
시골에서 밭을 일구거나 도시에서도 화단을 가꾸는 이들 가운데 섶을
그냥 지지대라고 하는 경우가 많다. 그러나 지지대는 큰 물건이나
나무를 받쳐주는 것이고, 덩굴지거나 줄기가 가냘픈 식물을 받쳐주는

막대기는 '섶'이라고 해야 하겠다.

ㅍ 받침이 들어간 낱말 가운데 '오지랖'이란 말이 있다. '오지랖'은 우리의 전통적인 의복 가운데 '윗도리에 입는 겉옷의 앞자락'을 말한다. 이 겉옷의 앞자락이 지나치게 길고 넓으면 걸을 때마다 이것저것 함께 쓸려가게 되는데, 여기에서 "관계도 없는 남의 일에 쓸데없이 간섭한다."는 뜻으로 '오지랖이 넓다'는 말이 생겨나게 되었다. 이렇게 다른 사람의 말에 대해 잘잘못을 따지는 일도 오지랖이 넓은 걸까?

팔월 한가위

설날을 '정월 대보름'이라고 하듯이, 추석은 '팔월 한가위'라고 말한다. '한가위'에서 알 수 있듯이, 추석의 순우리말은 '가위'이다. 우리말에 '절반'이나 '가운데'라는 뜻으로 쓰이는 '가웃'이란 말이 있다. 요즘에도 수를 셀 때 이 말을 쓰고 있다. '석 자 가웃'이라 하면, '가웃'이 한 자의 절반이므로, 석 자 하고도 반자쯤 더 되는 길이를 나타낸다. '가위'는 바로 이 '가웃'이 변한 말이다. 더운 때와 추운 때의 한가운데를 가리킨다. 이 '가위'에 '크다'는 뜻의 우리말 '한'을 덧붙여서 '한가위'라고 부른다.

추석을 음력 8월에 있는 명절이란 뜻으로 '중추절'이라고도 하고, 그 무렵이 날씨가 아주 좋은 때이므로 '중추가절'이라고도 한다. 둘 다 옛 문헌에 자주 나오는 말들인데 요즘에는 중추절, 중추가절이라 하지 않고 '추석'으로 순화해서 쓰고 있다. '추석'과 함께, 민간에서 오랫동안 써오던 '한가위'라는 말도 앞으로 지켜 나가야 할 아름다운 우리말이다.

추석 명절을 쇠러 고향에 내려가는 사람들의 손에는 대개 선물 꾸러미가 들려 있다. 예전엔 명절에 고향 가면서 많은 선물들을 들고 갔는데, 요즘엔 선물 보따리 대신에 봉투만 준비해 가는 경우도 늘어났다고 한다. 시골 어른들도 선물로 현금을 가장 좋아한다는 설문 조사 결과도 있다. 현금을 뜻하는 순우리말이 있는데, 바로 '맞돈'이라는 말이다. 선물 꾸러미든 맞돈이든 명절에는 모두 빛난다. 빈손인들 어떠랴. 부모님에게는 자식, 손자만 한 선물이 또 있을까.

피로연은 피로를 풀어주는 잔치?

요즘엔 남녀가 만나 부부가 되는 것을 다들 '결혼'이라고 하지만, 우리의 전통적인 한자말은 '혼인'이다. 예부터 '혼인식'이나 '혼례식'이라고 하였지, '결혼식'이라고 하지 않았다. 그러나 현대 한국어에서 '혼인'과 '결혼'은 모두 표준말이다.

혼인과 같은 경사스러운 일에 초대하는 편지는 '초청장'이라 하지 않고 따로 '청첩장'이라고 말한다. 혼인을 알리는 청첩장에 '화혼'이라고 쓰인 것을 가끔 볼 수 있는데, '화혼'이라는 말이 혼인을 신부 입장에서 따로 부르는 말이 아니냐고 묻는 사람들도 있다. 하지만, 화혼은 예전에 혼인을 청첩장에 한자로 쓸 때 멋스럽게 쓰느라 따로 만들어 쓰던 말이었다. '혼인'이나 '결혼', '화혼'은 모두 같은 말이다.

혼례식이 끝나고 갖는 음식 잔치를 '피로연'이라고 한다. '피로연'은 기쁜 일이 있을 때 음식을 차리고 손님을 청하여 즐기는 잔치이다.

꼭 혼례식 때만 쓰는 말이 아니라, '회갑 피로연', '생일 피로연' 등으로 널리 쓸 수 있다. 자칫 '피로연'을 혼인 당사자들의 피로를 풀어주는 잔치라고 생각하기 쉽지만, 이때의 '피로'는 "몸이 지치고 힘들다."는 '피로'가 아니라, "일반에게 널리 알린다."는 뜻의 '피로'이다. 어려운 한자말을 우리말로 다듬어 써야 하는 까닭을 다시 한 번 느끼게 하는 낱말이다.

하루를 어떻게 나누어 부를까?

갑진년 새해가 큰 추위 없이 환하게 밝았다. 이맘때가 한 해의 첫머리라면, 하루의 첫머리는 새벽이다. '새벽'은 "막 먼동이 트려고 하는, 날이 밝을 무렵"을 가리키는 말이다. 새벽을 또 나누어, 아주 이른 새벽은 '꼭두새벽'이라 하고, 아직 어스레한 새벽은 '어둑새벽'이나 '어슴새벽'이라 한다. 그런데 요즘에는 자정이 지나 아침이 되기 전까지를 그냥 새벽으로 생각하는 경향이 있어서, 텔레비전 뉴스에서도 '새벽 1시', '새벽 2시'라고 보도하는데 이것은 합리적인 표현이라 볼 수 없다. 이때는 '낮 1시, 낮 2시'와 대비하여 '밤 1시, 밤 2시'로 말하는 것이 자연스럽다. 현대인에게 오전 1시는 아무래도 새벽이라기보다는 밤이라고 하는 게 어울린다.

하루는 크게 낮과 밤으로 나눌 수 있다. 해가 뜰 때부터 질 때까지가 낮이고, 해가 진 뒤부터 다시 뜰 때까지를 밤으로 본다. 날이 샌

뒤부터 첫 반나절 동안을 '아침'이라 하니까, 아침이 지난 뒤에 낮이 오는 것이 아니라, 아침과 낮은 동시에 시작되는 셈이다. 마찬가지로, 해는 졌지만 아직은 빛이 남아 있는 때를 '저녁'이라 하니까, 저녁과 밤도 같이 시작되는 것이다. 일반적으로 하루는 자정에서 시작되어 자정에서 끝나는 것으로 계산하고 있는데, 이것은 시간 계산상 그렇다는 것이고, 날이 밝고 어두움에 따른 우리말은 이와 별개로 있어 왔다. 그래서 자정이 지나 오전 1시, 2시가 되어도 이를 새벽이라 하지 않고 아직 해가 뜨기 전이므로 밤 1시, 밤 2시라 부르는 것이다.

흔히 한나절, 반나절이라 하면 어느 정도의 시간인지 궁금할 때가 있다. '나절'은 하루 낮의 절반을 뜻하는 말이다. 하루 낮이 해가 떠있는 동안이므로 대략 12시간이라 한다면, 나절은 그 절반인 6시간가량이다. 그러니까, 한나절이라 하면, 해가 떠 있는 동안 가운데 아침나절의 3시간 정도와 저녁나절의 3시간 정도를 뺀, 가장 해가 높이 떠있는 6시간가량을 가리킨다고 할 수 있다. 이렇게 시간을 나누어 보면, '반나절'이라는 말은 한나절의 다시 절반이니까 대략 3시간가량을 가리키는 말로 생각해 볼 수 있다.

하룻강아지

　흔히 사회적 경험이 적고 자신의 얕은 지식만을 가지고 덤벼드는 사람을 가리켜 "하룻강아지 범 무서운 줄 모른다."고 한다. 이 속담에는 '하룻강아지'가 등장하는데, 언뜻 보면 태어난 지 하루밖에 안 된 강아지로 오해할 수 있다. 그러나 아무리 속담이라도 그렇지, 갓 태어나서 눈도 못 뜨고 제대로 서지도 못하는 강아지가 범에게 덤빌 리는 만무하다. 이 '하룻강아지'의 '하룻'은 날짜를 헤아리는 그 '하루'와는 아무 관련이 없다.

　옛날 우리 선조들은 소나 말, 개 등과 같은 가축의 나이를 '하릅, 이듭, 사릅, 나릅, 다습, 여습' 들처럼 세었다. 이때의 '하릅'은 한 살을 뜻하므로, 한 살 먹은 개를 '하릅강아지'라 하였고, 이 말이 오늘날 '하룻강아지'로 변하여 내려온 것이다. 그러므로 '하룻강아지'는 태어난 지 하루 되는 강아지가 아니라, 이미 한 살이 된 개를 일컫는 말인

셈이다. 개는 태어나서 일 년쯤 지나면 견문은 모자라지만 힘은 넘칠 때라, 범이 얼마나 무서운 줄도 모르고 천방지축 까부는 모습이 쉽게 그려진다.

송아지나 망아지도 나이가 한 살이 되면 각각 '하릅송아지', '하릅망아지'라고 한다. 뿐만 아니라 한해살이풀을 평안도에서는 아직도 '하릅나무'라고 하니, '하릅, 이듭(또는 '두습'), 사릅, 나릅, 다습, 여습' 들과 같은 우리말들을 쉽게 잊을 일이 아니다. 눈에 보이는 것만이 우리가 지켜 나가야 할 문화재의 모두가 아니라는 사실을 되새겨야 한다.

한가위 뫼 돌보기

한가위 명절을 맞아 고향에 가면 꼭 해야 할 일 가운데 하나가 집안 어른들 무덤의 풀을 깎고 깨끗이 다듬는 일이다. 이런 일을 표현할 때, 흔히 '금초'니, '벌초'니, '사초'니 하는 말들을 쓰고 있다. 비슷하지만 서로 조금씩 뜻이 다르다. '금초'는 '금화벌초'의 준말로서, 무덤에 불이 나는 것을 조심하고 때맞추어 풀을 베어 준다는 뜻을 나타내는 말이다. '벌초'는 무덤의 풀을 깎아 깨끗이 한다는 뜻이고, '사초'는 오래된 무덤에 떼를 입혀서 잘 다듬는 일을 뜻하는 말이다.

일반적으로 한가위 무렵에 무덤의 풀을 깎는 일은 '벌초'라고 한다. 중부 지방에서는 '금초'라는 말을 많이 쓰고 있는데, '금초'의 본디 말인 '금화벌초'에는 불조심의 뜻이 들어 있기 때문에, 불이 나기 쉬운 때인 한식 때 하는 벌초는 '금초'로 표현할 만하다. 그러나 '사초'는 오래되어 허물어진 무덤에 잔디를 새로 입혀 정비하는 것을 말하므로

'벌초'와는 쓰임이 다른 말이다.

그러나 '금초'니 '벌초'니 '사초'니 하는 말들은 우리 말맛에 그리 들어맞지 않는다. 굳이 구별해 쓰려고 애쓸 게 아니라, 누가 들어도 쉽게 알 수 있는 우리말로 고쳐 쓰는 것이 바람직하다. 무덤은 예부터 '뫼'라 하였으니, 웃자란 풀을 깎든 잔디를 입히든 무덤을 돌보는 모든 일들을 그저 '뫼 돌보기'라 하면 어떨까? "벌초하러 간다."보다는 "뫼 돌보러 간다."가 어쩐지 정겹게 들리는 듯하다.

호박씨

관용구나 속담 가운데는 주로 민간어원이라 확인할 수는 없는 것들이지만, 재미있는 이야기가 깃들어 있는 경우가 많다. "뒷구멍으로 호박씨 깐다."는 속담이 있는데, '겉으로는 어리석은 체하면서도 남 몰래 엉큼한 짓을 한다'는 뜻이다. 우리 주변에는 이렇게 까놓은 호박씨가 참 많다. 뉴스를 검색할 때마다 호박씨가 우르르 쏟아진다. 그러면 이 속담에는 어떤 이야기가 깃들었을까?

옛날에 아주 가난한 선비가 살았는데, 이 선비는 글공부에만 매달리고 살림은 오로지 아내가 맡아서 꾸려 나갔다. 그런데 어느 날 선비가 밖에 나갔다 돌아와서 방문을 여니까 아내가 무언가를 입에 넣으려다가 얼른 엉덩이 뒤쪽으로 감추는 것이 보였다. 선비는 아내가 자기 몰래 음식을 감춰 두고 혼자 먹고 있다고 의심해서 엉덩이 뒤로 감춘 것이 무엇이냐고 추궁했다. 그러자 당황한 아내는 호박씨가 하나 떨어져 있기에 그것이라도 까먹으려고 집어서 입에 넣다 보니까 빈 쭉정이더라는 것이었다. 그러면서 아내는 눈물과 함께 용서를 구하고, 선비는 그런 아내의 말에 더 이상 아무 말도 하지 못하고 함께 껴안고 울었다고 한다.

이런 이야기에서 '남 몰래 엉큼한 일을 하는 것'을 일러 "뒷구멍으로 호박씨 깐다."고 하는 속담이 생겨났다고 전해지는데, 굳이 사실 여부를 확인할 필요까지는 없을 듯하다. 어쨌든 이야기 자체는 눈물겨운 내용을 담고 있지만, 세월이 흐르는 동안 이야기의 내용과 그 말의 쓰임이 동떨어지면서 부정적인 의미로 쓰이게 된 사례라고 할 수 있다.